广州市哲学社会科学发展“十三五”规划资助课题

房价与城市人口集聚研究

FANGJIA YU CHENGSHI RENKOU JIJU YANJIU

李 超 著

世界图书出版公司
广州 · 上海 · 西安 · 北京

图书在版编目（CIP）数据

房价与城市人口集聚研究 / 李超著 . -- 广州：世界图书出版广东有限公司，2019.8

ISBN 978-7-5192-6970-8

Ⅰ . ①房… Ⅱ . ①李… Ⅲ . ①房价—影响—城市人口—人口流动—研究—中国 Ⅳ . ① C924.24

中国版本图书馆 CIP 数据核字（2019）第 253036 号

书　　名　房价与城市人口集聚研究
　　　　　FANGJIA YU CHENGSHI RENKOU JIJU YANJIU
著　　者　李　超
责任编辑　冯彦庄
封面设计　汤　丽
责任技编　刘上锦
出版发行　世界图书出版广东有限公司
地　　址　广州市海珠区新港西路大江冲 25 号
邮　　编　510300
电　　话　（020）84452177
网　　址　http://www.gdst.com.cn/
邮　　箱　wpc_gdst@163.com
经　　销　新华书店
印　　刷　广州市迪桦彩印有限公司
开　　本　787mm × 1092mm　1/16
印　　张　10.25
字　　数　159 千字
版　　次　2019 年 8 月第 1 版　2019 年 8 月第 1 次印刷
国际书号　ISBN 978-7-5192-6970-8
定　　价　55.00 元

前　言

我国仍处于高速的城镇化进程中，每年都有大量人口受城市众多资源的吸引而向城市迁移集聚。然而，近年来随着国内城市房价的疯狂上涨，高房价与高速人口城镇化之间的矛盾开始突显。在此背景下，本书主要解释及研究如下问题：① 为什么中国大中城市的房价会上涨如此迅猛？是什么因素起到了决定性作用？② 高房价收入比在提高城市居民生活成本的同时，是否会减缓我国的人口城镇化，乃至人口迁移集聚的进程？③ 房价在配置城市资源及引导人口迁移集聚方面起到了什么样的作用？④ 房价背后代表的是什么？如何调控房价？通过理论机制的研究及对全国 35 个大中城市的实证分析，本书所得到的主要观点如下。

第一，当前我国大中城市的高房价基本上反映的是人口素质和城市资源质量快速提升的结果，有其合理性。① 高校扩招形成的大规模高素质人口迁移为城市房价上涨提供了源源不断的刚性需求。我国大中城市房价的上涨是随着高校扩招政策的实施而发生的。与 20 世纪 90 年代人口迁移的主力——老一代农民工不同，新生代迁移大学生的高学历、高购买力、追求高品质生活、自由迁移能力强等特征决定了他们会成为城市房屋“刚需”的来源。高校扩招政策的实施则使得他们在近十年内迅速演变成为城市迁移人口的主力。从 2001 年到 2016 年，我国的普通高等学校毕业生人数增长超过5倍。从需求的角度看，这么大规模的高素质人口迁移对城市房价的影响将是巨大的，他们已经成为影响我国城市房价的主力群体。采用全国35个大中城市面板数据的实证结果也表明，在所有变量中，高校毕业大学生的迁移集聚对城市房价的影响最为巨大。② 房价是城市房屋及其一系列资源的价格，房价上涨反映了近年来我国城市资源质量的快速提升。当前，我国一、二线城市的高房价是有其合理性的，因为这些城市的就业资源、医疗卫生资源、教育资源、生活设施资源等最为丰富，而购房是获得这些资源收益的最重要，甚至唯一的途径，房价实际上已经成为房屋和这一系列城市资源的价格。越是资源质量高的城市，买房者从房屋中所获得的城市资源收益就越高，它的房价相应地也会越高。特别是，我们可以发现，那些天价房基本上都是极好的学位房，房屋面积还特别小，学位的巨大价值依附于不同面积的房屋上，当然是面积越小的房屋价格越高。因此，我们不能纯粹以房屋的价值或者居住的权利来看待房价，而应该更多地从其背后所能享受的资源收益来综合评估房价，判断其是否合理。从35个大中城市的实证结果来看，当前房价的快速上涨，更多地反映的是城市资源质量的上升，并不是城市的房屋价格不合理，而是享受城市各种高质量资源的价格越来越高。

第二，降房价的关键是尽可能地实现房屋与城市其他资源权利的分离，使得购房者在购房时尽量少支付其他捆绑资源的价格。一直以来，政府调控房价的主要手段都是限购、限贷和限价，利用控制需求的方法来打压房价，但效果都不甚理想。根据本书的理论分析，调控效果不理想，是因为房价代表的是城市资源的价格，某个城市政府越是打压房价，就意味着该城市的资源价格越是便宜，相对收益提高，人们就会往该城市迁移集聚，结果是后期人们对房屋的需求反而会更进一步增加，房价自然迎来爆发性上涨。实际上，从人口迁移集聚的需求动力来看，要想真正实现房价调控的目的，让房子回归到“是用来住的、不是用来炒的”定位，关键是采取

措施使得房价尽量体现的是房屋本身的价格，而不是城市一系列资源的价格。也就是要实行房屋与城市其他资源权利的分离，使得购房者在购房时尽量少支付其他捆绑资源的价格。一方面，对于一些难以直接实行与房屋分离定价的城市资源，创造条件减少捆绑销售程度。在现实中，城市房屋的很多捆绑资源是无法分离的，例如各种便利的生活资源往往都集中在城市的中心区域，购买这些区域的房子自动就能享受这些生活资源的收益，房价本身就会包括这些资源的价格。虽然如此，但是我们能创造条件，如通过完善交通基础设施，缩短区域间的出行时间，减少这些资源与房屋的捆绑程度，以尽量少支付捆绑资源的价格，从而降低房价。另一方面，对于一些可以直接实行与房屋分离定价的城市资源，采取措施取消捆绑销售。在现实中，对城市房价影响最大的因素就是教育学位资源，公办学位与房屋捆绑销售，导致了诸多天价房的出现。如果教育学位资源不跟房屋捆绑在一起销售，很多学位房的价格自然就会下降。

第三，房价作为一种市场手段，对城市资源分配与人口迁移分布起到了调节作用。① 房价是目前为止调节城市资源分配的最有效工具。房价已经成为调节城市资源分配的一种手段，谁出价更高，谁就能享有更好的房屋及其附带的教育、医疗卫生、生活、就业资源。这带来了两大效果：一是为了享有城市众多资源的收益，人们会增加劳动供给，努力去赚钱买房，导致社会产出增加；二是在房价上涨的情况下，房产商建造新房屋的积极性被极大程度地激发起来，房屋的供给量大幅增加。我国 40 多年来的改革经验证明，发挥市场在资源配置中的决定性作用，是我们在众多领域取得令人瞩目成就的重要原因。而房价作为调节城市资源分配的一种手段，正是以价格为准则的市场在城市房屋及资源分配上起到了决定性作用，它让更多的老百姓拥有了城市住房，并得以享受住房附带的众多资源收益。因此，我们不能因为房价高引起的一些抱怨和矛盾，就放弃这一手段，而是要继续发挥房价对城市房屋及资源分配的调节作用。② 房价可以有效调节我国地区间的人口分布。人们迁出或迁入一个城市都是理性选择的结果，每个人都会选择对自身性价比最高的城市工作和生活，亦即哪个城市工作和生活的成本低、收益高，人们就会向哪个城市流动。然而，如果没有房价的成本约束，那么按照人们趋利的本性，绝大部分人口都会选择向一线大城市迁移集聚，亦即人口越多的地方越吸引人口的进一步集聚。因为人口集聚本身会形成规模效应的收益，正是人口集聚推进了经济资源的集聚，经济资源的集聚反过来再刺激人口集聚。现实中正是由于房价的调节作用，并没有发生全国人口都向大城市迁移集聚的情况。城市的各种资源是有成本价格的，房价就代表了在这些城市稳定居住及享受其众多资源需要付出的价格。在城市资源吸引人口迁移集聚的关系中，房价不仅起到信号传递的中介作用，而且还起到了减缓或提升需求的调节作用。本书的实证也确实显示，房价明显对全国 35 个大中城市的资源质量与人口集聚间关系起到了负向调节作用。

回顾本书的写作过程，要特别感谢我敬爱的导师匡耀求研究员，正是在他的指导和帮助下，我才确立了人口发展的研究方向，并得以从事人口方面的研究工作。进入广东省人口发展研究院工作以后，在董玉整院长、汤捷副院长、张建平副院长、黄小燕副院长、曹艳华部长、苗景锐部长及其他领导、同事的关怀和帮助下，我的为人处世能力和职业素养得到了极大的提高，在此对各位领导、同事们表示衷心的感谢。对默默支持着我的、亲爱的家人们表达最深沉的谢意！衷心感谢所有关心、帮助和鼓励过我的师友和至亲，谢谢你们!

李　超

2019 年 3 月 1 日

目　录

第一章　绪　论

一、选题的意义与背景

我国仍处于高速的城镇化进程中，每年都有大量人口受城市众多资源的吸引而向城市迁移集聚。2016年，国务院总理李克强主持召开国务院常务会议时强调，城镇化是中国发展最大的潜力所在，要部署深入推进以人为核心的新型城镇化，释放内需潜力。然而，近年来随着国内城市房价的飞速上涨，高房价与高速人口城镇化之间的矛盾开始突显。中国经济实验研究院的调查报告显示，全国35个大中城市居民对包含房屋销售价格和房价收入比的生活成本满意度指数仅为31.81，远低于51.57的平均值，部分人群有迁出高房价城市的倾向（丁栋，2014）。近来就传出，深圳房价的飞速上涨使得许多专业人才纷纷考虑离开这座被誉为“中国硅谷”的城市，甚至华为公司也由于深圳房价过高，正在考虑逐步外迁，华为研发等部门已正式迁往东莞松山湖。面对这一矛盾，2017年底，在党的十九大会议上，习近平总书记明确指出，“房子是用来住的，不是用来炒的”，2018年7月末，中共中央政治局会议进一步定调“坚决遏制房价上涨”，各地方政府也开始密集出台房价调控措施。然而，多年来的房价调控经历表明，当前各地方政府实施的限价、限购等调控措施并不能很好地实现降房价的目的。

与此同时，在人口红利持续下降的情况下，我国地区间的人才争夺战已经开始。而房价是影响城市人口迁移的一个关键因素，房价背后还涉及一系列的资源分配格局，包括就业、医疗卫生、教育、基础设施，等等。实际上，房价只是影响人口迁移的表面因素，深层次因素是房价背后所代表的资源配置格局。如现在众多高价的学位房，大家所争夺的可不单是房子，而是房子所绑架的教育学位资源。本书因此将以高房价对城市人口迁移的影响作为研究对象，深入分析两者间的互动关系，探讨高房价背后的资源配置效应影响城市人口迁移的理论机制，并以我国35个大中城市的大样本数据对此进行实证检验分析，考察目前高房价对城市人口分布与迁移所形成的具体影响，并为政府制定相应的人口政策提供依据。

具体来说，本书的目的是解释及研究如下问题：① 为什么中国大中城市的房价会上涨得如此迅猛？是什么因素起到了决定性作用？② 高房价收入比在提高城市居民生活成本的同时，是否会减缓我国的人口城镇化乃至人口迁移集聚的进程？③ 房价在配置城市资源及引导人口迁移集聚方面起到了什么样的作用？④ 房价背后代表的是什么？如何调控房价？总体来说，本书从资源配置的新视角研究城市房价与人口迁移，具有较高的学术价值。与此同时，本书的研究内容将为政府如何利用市场的引导作用及行政手段的调节作用，形成科学的城市人口分布、公平有效的资源分配格局，再兼顾合理的房价，提供决策参考，对我国政府科学处理城市高房价与人口合理分布、人才引进、公共资源配套等问题有较大的应用价值和实践意义。

二、文献综述

（一）人口因素影响房价的研究

蒲火元、曹宗平等（2018）以广州市的两次人口调查为例，建立截面

回归模型考察了流动人口对中心城市房价的影响。研究结论显示，广州市流动人口家庭与本地户籍人口家庭的住房持有水平严重不平衡；中心城市集中了各种优质资源，导致大量人口流入，这是引发城市住房需求增加并进而推高房价的重要原因。进一步的研究发现，人口流动对房价的影响具有时滞效应，且主要是通过城市中高收入流动人口来实现的；对未来城市化发展及推动房价上涨的预期一旦形成，居民将选择尽早购房，造成当期房价快速上涨。

邹瑾、娄著盛（2018）首先构建了一个供求均衡模型，分析表明人口抚养比增加会降低住房价格，而人口迁移规模会推高住房价格，并可能因城市层级的不同产生差异。在此基础上，他们利用 35 个城市 2002—2015 年的数据，以静态与动态面板估计方法进行了检验。分层级回归的结果显示，人口老龄化与人口迁移对房价的影响随城市级别的上升而递减，且人口迁移的作用大于老龄化变量。他们认为，人口结构对住房市场的影响存在结构性特征，这与二元经济体制与社保制度的碎片化所导致的地区间的生育成本、社会保障和福利制度、养老成本相关，避免区域住房市场失衡，这仍是促进我国房地产市场健康平稳发展的核心。

杨巧、陈诚（2018）基于 30 个大中城市房价与人口迁移数据动态面板模型的回归结果显示：房价和人口迁移之间不是单纯的线性关系，而是呈倒 U 形，房价低于拐点时房价上涨会促进人口迁移，当房价高于拐点后，房价的上涨会对人口迁移形成负向抑制；人口迁移的重要拉力来自收入增长和城市经济基本面发展带来的引力，城市收入增长空间形成了对人口迁移的正向吸引，但从交互项回归结果看，房价在一定程度上抵消收入增长对人口迁移的拉动作用；城市经济基本面的可持续健康发展对人口迁移决策具有显著影响。

刘建江、罗双成（2018）考虑人口流动因素，构建区域房价差异与地区差距的理论模型，利用 2005—2013 年 281 个地级市的面板数据进行实证检验。结果发现，房价差异对地区差距具有显著的正向作用，当区域房价差异扩大 1%，地区差距将扩大 0.044%。而城市人口规模与人口流动速度均削弱了区域房价差异对地区差距的作用。分地区回归结果发现，东部地区房价差异对地区差距的影响不显著，中西部地区房价差异对地区差距影响显著，且受城市人口规模和人口流动的影响。他们认为，减少人口流动的制度性约束，通过抑制房地产市场投机性需求，实施区域差异化的房地产调控政策，可以促进区域社会财富的合理分配，缩小地区差距。

徐腾、姚洋（2018）结合普查数据和“百度迁徙”数据，研究城际人口流动现象的影响与成因。对普查数据的分析表明，我国城市房价升速与城市人口增长率有显著关联，除户籍人口以外，流动人口的影响也较大。流动人口每上升 1%，房价将提升 0.36%。而“百度迁徙”数据表明，房价对人口迁入的负反馈不显著。人们选择迁入一个城市，主要取决于此城市工资水平相对于原居住城市的差值以及两个城市的距离远近。学者并未发现高房价抑制人口迁入的证据。因此，工资和房价水平都较高的城市仍将有大量外来人口进入，并进一步推高房价。解决一线城市房价增长过快的问题，关键是提升二、三线城市的竞争力。

阴曙光、翟宇阳等（2017）利用代际交叠模型与 PSR 模型分别探讨了人口结构变化与人口跨际流动对房价的影响，并利用基于面板数据的一般计量模型与空间计量模型对分析结果进行了实证检验。结果表明，家庭少儿人口数量与老年人口数量均与房价呈现反向变动关系。进一步研究表明，常住人口、人力资本、人均可支配收入、人口抚养及住宅投资额对各大城市房价均起到了正向作用；经济距离加权的研究结果表明，经济发展程度及城市距离间的联动效应是造成人口流动进而引起房价变动的深层次原因。

何鑫、田丽慧等（2017）基于 2005—2013 年 235 个地级市数据的研究发现，在中国，流动人口带来的住房需求是提高城市房价的关键因素。净流入人口越多的地区，房价涨幅越大，流动人口每增加 10 万，将会使每 100 平方米住房价格上涨 3360 元，特别在一、二线城市，房价分别上涨 6024 元和 15394 元。2010 年以后，流动人口在东西部对房价的影响存在显著的异质性，地理加权回归结果表明，流动人口是使房价波动呈空间异质

性的主要因素，其中，珠三角地区成为人口流动对房价影响最大的地区。

李嘉楠、游伟翔等（2017）利用2005年中国城市住房价格数据和2005年1%人口抽样调查中外来人口占比数据研究外来人口对于城市住房价格的影响。在控制了城市人均GDP和城市人口规模等因素后，外来人口占比更高的城市房价更高，表现为2005年外来人口占比每多出10%，2005年房价就会高出7.5%。为了避免双向因果效应与遗漏变量偏误，他们将城市1月平均气温作为外来人口占比的工具变量，研究结果显示外来人口占比与城市房价之间的正相关关系仍然显著。在机制分析中发现，外来人口很可能通过影响高技能劳动者的收入与迁入地的企业与工厂来间接影响城市房价。

邹瑾（2017）基于区域异质性视角，利用面板协整理论和动态面板估计方法，讨论了我国不同地区和不同年龄阶段人口对房价波动的影响。基本结论为：老龄人群曾推动了房价上涨，东部地区青年人群支付能力与高房价间存在矛盾。人口老龄化会导致房地产市场的下行风险，关键在于刚需人群购买力的有效释放；同时，部分区域房价虚高，应及时予以重视，并采取综合性措施应对。

张一星（2016）结合厂商理论建立世代交叠模型，并利用我国2000—2014年东部、中部以及西部28个省市的数据，建立省际面板模型进行计量分析，结果表明，我国老年人口抚养比与房价呈现正向关系，并认为我国现阶段人口老龄化对房价的抑制作用较小，但随着老龄化程度的加重，其对房价的抑制作用可能会越来越大。

郑基超、倪泽强等（2016）从人口结构视角对房价上涨的原因进行探索，以2001—2014年的分省面板数据为基础，分析了婚姻登记人数这一人口变量对房价的影响，接着又对京、沪、津三个直辖市进行了面板数据分析，探索了外来人口和婚姻登记人口对房价的影响。实证结果表明，人口因素是影响房价的重要变量。

季晓旭（2016）以2002—2014年我国省际面板数据为基础，通过聚类分析建立动态面板模型，研究房价、老龄化程度对我国区域城乡收入差

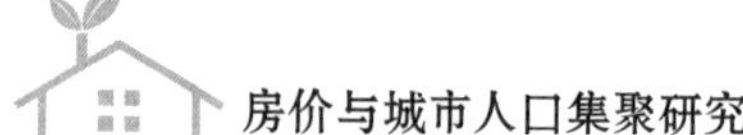

距的直接影响与交互影响。研究发现，房价上涨、老龄化程度加重会直接导致城乡收入差距扩大，但对于较低房价、较低 GDP 的地区，房价越高，城乡收入差距越小；对较高房价、较高 GDP 的地区，老龄化加重会缩小城乡收入差距；房价上涨和老龄化的交互影响对改善城乡收入分配起到积极的调节作用。政府部门可针对区域发展特征，实施加大教育投入、积极推进市场化和城市化进程等政策，缩小城乡收入差距。

邹瑾（2014）采用面板协整检验证明了人口年龄结构是房价波动的长期影响因素，并基于系统广义矩估计等方法，讨论了人口老龄化对我国房价波动的影响、区域差异、形成原因及政策建议。研究表明，人口老龄化曾对房价上涨起到推动作用，但从中长期来看，此趋势可能发生逆转。在东部地区，人口变量对房价的弹性最小，且青年人口比例与房价成反向关系，表明东部地区刚需人群支付能力与高房价间存在矛盾；在中、西部地区，青年人口价格弹性也较老年人口价格弹性更小，部分地区房价或已脱离实体经济，应予以足够重视。

陈国进、李威等（2013）首先模拟代表性家庭对房屋资产投资与消费的经济行为建立代际交叠模型，然后使用中国 1999—2011 年的省际数据进行动态面板 GMM 估计，结果表明，少儿抚养比下降是造成我国房价持续上涨的人口结构因素；此外，由于老年人存在“利他动机”，老年抚养比上升也是目前推动房价上涨的动力，但这一动力将随着老龄化程度的加重而减弱并逆转。我国的老龄化趋势使得青年人口减少、老年人口增加，将造成房屋的供需关系发生反转。从人口结构角度看，未来我国房价不再具备快速上涨的基础，将面临持续增强的下行压力。

徐建炜、徐奇渊等（2012）以人口结构变化作为切入点，对中国住房价格持续高涨现象进行分析，通过对比亚太经济合作组织国家的经验研究发现，中国少年人口抚养比例的提高虽然会带来房价上涨，但是老年人口抚养比例增加带来的效应却恰好相反。微观及宏观数据的经验研究都支持上述发现。就人口结构而言，2015 年以后中国的房价将不再具备快速上涨的条件，房价总体水平将逐渐走弱。

（二）资源配置影响房价的研究

周爱民、彭俊华等（2018）基于房地产供求模型的研究发现，城市房价差异源自于人口集聚、财富集聚与房价预期的差异，本质上是源自人对城市优质资源的追求。凡优质资源越集中的城市，人口集聚与财富集聚度越高，房价就越高；反之，优质资源越稀缺的城市，人口与财富集中度越低，房价就越低。鉴于此，他们指出，我国要建立房地产发展长效机制，必须解决优质资源分布不均衡、不合理的矛盾，合理引导各种资源流向中小城市，防止各种资源过度集中于大城市。

李超、张超（2018）将城市资源质量纳入房价与人口迁移集聚关系的理论分析框架，探讨房价在城市资源与人口集聚间所起的中介与调节效应，并以全国 35 个大中城市的面板数据进行实证检验，结果发现：① 房价代表的是城市房屋及周边众多资源的价格，越是资源质量高的城市，其房价也会相应越高。② 房价在城市资源质量与人口集聚的关系中起中介作用，当房价上涨反映的完全是城市资源质量提升的信号时，城市的人口集聚程度会随着房价上涨而提高；当房价过快上涨反映的是价格脱离质量的信号时，城市的人口集聚程度会随着房价上涨而降低。③ 房价负向调节城市资源质量与人口集聚之间的关系，即越是低房价，城市资源质量提升对人口集聚的正向影响越是强烈；越是高房价，城市资源质量提升对人口集聚的正向影响越是弱化。

汪昆、袁祥飞（2018）以 70 个大中城市为研究对象，归纳整理出影响这些城市相对房价增长的资源集聚、经济增长和土地供给等方面的因素，通过 OLS 方法构建出区际房价增长差异影响因素的模型。实证检验表明，资源聚集与区际房价相对增长具有正相关关系，与土地供给具有负相关关系，而经济增长对区域房价相对增长无显著影响。

徐生钰、陈菲娅（2018）基于南京市鼓楼区的二手房横截面数据，构建特征价格模型，进行实证分析发现，在所有的特征变量中，学校质量对住宅价格具有正向影响而且影响最大，这与人们直观上认为“学区房”是促使当前房价上涨的主要原因之一的观点是一致的。除此以外，建筑面积、朝向和物业费对住宅单价的影响是正向的，所在楼层、楼龄、绿化率、容积率、距地铁站的距离和距对口学校的距离对学区房住宅单价的影响是负向的。

张少尧、宋雪茜等（2017）从城市空间功能的视角出发，以成都市2016年的房价为例，基于地理探测器分析公共服务对房价的影响，结果表明，成都平均房价为8480元/米^2，并从市中心沿交通环线和放射状干线同时向郊区递减，形成圈层加放射格局，总体上呈现西高东低、南高北低的特点。公共服务（主要包括医疗、金融和教育服务）对房价的影响以第三圈层和西南方最为显著，且高于城市层面上整体的影响。公共服务对房价的影响显著受不同区域的空间功能差异的影响，公共服务和空间功能差异会加剧房价的分异格局，并推动局部房价过热。因此，在房价调控中，不仅要有传统的金融、经济政策，还要注重空间功能和公共服务的优化。

陈淑云、唐将伟（2017）基于国内286个地级及以上城市数据对公共服务供给对房价的影响关系进行研究。结果表明，公共服务供给水平对房价有显著的正向影响，而公共服务不均等导致这种影响存在区域差异；且这种差异在高房价城市、中房价城市、低房价城市之间比东、中、西部之间更加明显。这说明公共服务供给不均等所导致的住房需求和住房供给在空间上的错配在不同城市之间比在东、中、西部之间更为突出。公共服务供给不均等是不同城市房价呈现分化的重要原因之一。

郑思齐（2016）研究认为，中国城市住房价格的变化除了受宏观经济和政策的直接影响外，也表现出明显的空间不均衡性——公共服务供给短缺和布局不平衡，使得占有较多公共资源优势的大城市及城市中的优势区位房价明显偏高，比如地铁、学校、绿地和空气质量等公共品能够在很大程度上解释北京市房价的空间差异。

范新英、张所地（2015）基于Tiebout理论，采用构建基础理论模型及面板门限回归的方法，检验城市公共服务供给水平对房价变动的影响。结果表明，公共服务供给与房价之间存在显著的非线性门限关系，随着公共服务供给水平的增加，其对房价的影响也逐步增大，城市间公共资源配

置失衡是造成一些城市房价分化的主要原因。他们据此提出房地产市场调控是一个系统工程，应探索与公共服务水平挂钩的房地产税收政策、财政转移支付政策等。

贾春梅、葛扬（2015）认为，在严格的城市行政等级管理体制下，我国城市房价水平与城市的行政级别关系密切。城市行政级别通过影响城市的资源集聚能力和住房需求，进而影响住房价格。不同行政级别城市的资源集聚能力各异、住房需求不同，导致房价水平呈现较大的差异。但是，同一行政级别城市间的房价水平存在区域差异性。他们使用2005—2012年全国70个大中城市市辖区的数据，建立面板模型，分析城市行政级别对商品住宅价格的影响。结果表明，城市行政级别差异是引发城市间房价水平差异的重要因素。为此，需要对不同类型的城市实行分类指导，实施差别化的调控措施，缩小城市间的房价差异。

张浩、李仲飞等（2014）认为我国的教育资源配置机制使得房屋成为获取教育资源的重要方式之一。他们在分析北京、上海、广州和深圳等我国一线城市的教育资本化现象的基础上，研究发现，我国基础教育资源正通过“资本化”过程不断蕴含在房屋价格之中，并由公共品逐渐转变为消费品；教育资源配置对于房价的影响是具有持续性的，具有“沉淀效应”；我国的教育资本化本质上是由教育资源的稀缺、分布不均和教育资源政府垄断所带来的“垄断溢价”；而在教育资源丰富的区域，房价上涨得更快，从长期来看更有投资价值。

李祥、高波等（2012）认为城市的宜居性是吸引劳动力流入的重要因素，而公共服务水平、自然环境与气候条件等则是城市宜居性的主要体现。作为政府提供的主要公共物品，住宅所享有的公共服务水平必将影响居民对其的消费意愿。他们利用南京市江南八区的调查数据，构建特征价格模型，考察住宅特征变量、公共服务水平对住宅销售与租赁价格的影响。实证结果表明：① 住宅物理特征对其销售价格与租赁价格的影响存在差异，房间数目、大厅数目等特征变量的提高将显著提高销售价格、降低租赁价格。② 公共服务对住宅销售价格与租赁价格的影响大致相同，在4类公共服务中，教育公共服务对住宅销售价格与租赁价格的影响最大。③ 政府对城市核心地带公共服务的过多投入并不会导致当地房价租金比的提高，相反，对城市边缘地带公共服务投入不足则将使得当地房价租金比提高。因此，政府需要推进城市各区域之间基本公共服务的均等化。

李祥、高波等（2012）利用中国内地 1998—2009 年的省际面板数据研究地方房地产税负、公共服务供给与房价间的关系，结果表明，在整体层面，房地产持有税、交易税与房价显著负相关，而公共支出强度与公共服务水平则与房价显著正相关，并且公共服务正资本化效果大于房地产税负的负资本化效果，人均收入水平与人口密度同样与房价正相关；在区域层面，东部地区房地产税负对房价的影响较大，而在中西部地区，人均收入水平与人口密度则是影响房价的最重要因素。

王斌（2011）认为基本公共服务完善与否对人口迁徙具有重要影响，进而对一个地区的房价产生影响。他利用 35 个大中城市数据，在控制影响房价的相关因素的条件下，就我国基本公共服务对房价的影响进行实证检验，发现我国基本公共服务水平存在巨大的地区差异，对房价的影响显著。因而，必须推进基本公共服务均等化，提高中西部地区城镇综合承载力，才能从根本上缓解房价上涨矛盾，满足我国城镇化需要。

叶剑平、王娟（2010）研究认为，中国城市化逐渐形成了中心城区—城郊—农村的一个梯级结构，而来自一线的调研数据显示，城乡之间、不同城市之间、同一城市不同地区之间公共服务的不均等化，客观上加剧了我国房价的梯级格局。国外关于公共服务均等化的努力则表明，政府工作重心须向公共服务倾斜，公共服务的均等化转型才能促使房价结构趋于扁平化，并最终解决住房难这一问题。

（三）其他因素影响房价的研究

1. 货币政策影响房价的研究

刘金全、毕振豫（2018）在经济政策不确定性的视角下，通过 LT-

TVP-VAR 模型研究了货币政策对房地产价格的调控效应以及不确定性对房价的溢出效应。研究结果显示，货币政策对房价的调控效果具有显著的时变特征与非对称性，经济政策的不确定性会削弱货币政策对房价的调控效果。同时，不确定性本身也会对房价产生明显的溢出效应。为此，政府应当加强预期管理，保持政策的连贯性与一致性，以降低经济政策不确定性对货币政策以及房地产市场的影响。

辛榛（2018）基于 1999—2015 年的相关经济数据，从实际利率和广义货币供应量入手，构建 VAR 模型，由脉冲响应函数、方差分解结果得出结论：货币供应量变动对西南地区房价影响程度大于利率变化对其的影响程度。

王鹏、林晓燕（2018）基于近几年中国虚拟经济总量不断扩大、房价快速增长的经济现实，通过分析货币供应量结构变化对经济及房价的影响机制，并运用 VAR 模型，采用格兰杰因果分析、脉冲响应分析、方差分解分析等方法，探讨虚拟经济扩大条件下货币供应量对房地产价格的影响。研究结果发现，短期内虚拟经济扩大对货币政策的有效性有一定的抑制作用，且具有较强的政策滞后性，股票市场与房地产市场仅存在单向格兰杰因果关系，虚拟经济扩大降低了货币供应量变化对房价变动的调节作用。在长期内，我国宽松的货币政策未能拉动市场流动性，更多地表现为货币总量的增加以及居民价格指数（CPI）的不断上升，从而推动房价持续上涨。

张清源、梁若冰等（2018）创新性地运用交互效应动态面板模型重新检验了货币政策对我国 295 个城市房价的异质性效应及其传导机制。研究发现，货币供给量增长对我国不同城市房价存在显著的异质性效应，货币供给量是加剧我国城市房价结构性分化的主要外部诱因，而利率调整发挥的作用并不明显。机制分析则表明，货币政策冲击主要通过供给侧的土地价格这一传导渠道对房价产生影响。因此，央行在制定货币政策，尤其是运用数量型工具时，应将城市住房价格考虑在内，政府应切实推动土地市场改革，才有可能真正解决我国房地产市场的结构性分化难题。

张宁（2018）选取 2006 年 1 月至 2016 年 10 月北京市居民消费价格

指数（CPI）、新建商品住宅销售价格指数（RE）和广义流通货币（M2）的月度时间序列数据，建立向量自回归模型来分析三者的关系，通过格兰杰因果检验和脉冲响应函数考察冲击影响。实证结果表明，新建商品房价格和物价水平之间存在单向因果关系，物价水平和货币流通水平互为格兰杰因果关系。方差分解的结果说明，在长期，房价的变动在很大程度上是由物价水平变动引起的，而物价水平变动在很大程度上影响着广义货币的流通变化。

赵胜民、何玉洁（2018）采用带有随机波动率的时变参数向量自回归模型（TVP-VAR）分析影子银行对货币政策传导和房价的影响，主要得到以下结论：① 影子银行对货币政策传导兼具利率效应和替代效应，但以利率效应为主导，即紧缩的货币政策降低影子银行信贷。② 信贷是房价上涨的原因，并且影子信贷比银行信贷对房价影响更迅速也更强烈，时变性也更高。房价上升会提高影子信贷，而降低银行信贷，表明房价与影子信贷具有相互推升的内生机制，与银行信贷有内生稳定机制。③ 政策协调要根据信贷资本计提政策对银行信贷和影子信贷间的相互转移进行调整。

夏宇（2018）在考察货币政策调控房价过程的基础上，基于我国近三年实施的货币政策，即稳健的货币政策（2015 年）、调控与改革并重的货币政策（2016 年）、货币政策与宏观审慎政策相结合的“双支柱”政策（2017 年），从货币政策影响房价的相关理论研究和我国典型城市房价的实证分析两方面，探讨货币政策对房价的影响及调控效果。研究结果表明：造成房价波动的因素较多，从货币政策实施的角度分析，货币供应量增加、信贷规模扩大及利率低是导致我国现阶段房价上涨的货币政策主因；合理的货币政策能在一定程度上调控房价波动，但调控房价的能力有限，要想取得更大的成效，必须在兼顾其他有关因素的基础上综合施策。

罗娜、程方楠（2017）构建了一个以房价波动为基础的 DSGE 模型，以数值模拟为主要研究方法，考察房价波动的宏观审慎政策与货币政策协调效应，得出三个基本结论：① 从协调机制来看，宏观审慎政策与货币政策应当分别以房价稳定与物价稳定为目标，均采用标准的泰勒规则，而非

其他更为复杂的多目标规则。② 从协调策略来看，针对不同类型的房地产市场制定有差别的宏观审慎政策，同时配合货币政策，这样既能发挥宏观审慎政策对房价调控的结构性功能，又能弥补货币政策对房价总量调控的不足。③ 从协调效应来看，协调不仅能够实现对房价波动的有效调控，而且能够实现社会福利损失的最小化。

吕越、刘自然（2017）以 2015 年 12 个月的汇率与各直辖市、省会城市房价的数据为例，研究汇率与不同地区房价的相关关系，进而结合多元回归模型，探究汇率政策改革以及人民币加入 SDR 后，汇率的变化趋势以及对房价的作用效果。研究发现，在经济下行和人民币国际化背景之下，房价和汇率的关系还涉及其他一些变量，各变量作用方向并非一致，导致汇率与房价的关系不是一成不变的，而是取决于主要决定因素的综合影响，房价上涨和人民币贬值在短期内依然存在。

刘星、张晶（2017）通过建立面板数据模型，考察了 2008 年到 2015 年之间我国货币供应量和商品房库存与 12 个主要城市房价之间的关系，从中发现了如下三类效应：一是货币效应，不同城市商品房价格与货币供应量呈强正相关，从城市来看，一线城市中的深圳与二线城市中的杭州与北京相比，更为突出；二是库存效应，不同城市商品房库存与房价负相关，从城市看，二线城市中的杭州与二线中等城市中的成都与北京相比，更为明显；三是交叉效应，货币供应量上升会缓解库存增加带来的房价下降压力，但库存增加却会强化货币供应量增加时带来的房价上升趋势。

余华义、黄燕芬（2017）利用最新发展出的全局向量自回归（GVAR）模型，验证了中国 35 个城市的房价和 CPI 受单个城市房价冲击和货币供应量冲击后的异质性反应。结果显示：① 货币供应量冲击对一线城市和东部城市房价有较大的正向影响，但对中西部城市房价影响较弱。货币供应量冲击对各城市 CPI 的影响均很微弱。② 房价冲击对自身和其它城市房价均有较为明显的正向影响，并且一线城市和东部城市的房价冲击带来的影响更大。③ 房价冲击对 CPI 的正向影响相对较小。

昌菖（2016）利用 1998—2014 年中国 35 个大中城市的年度土地出让

面积和成交价格、年度商品房销售面积和销售金额以及央行 M2 数据，统计分析货币供应量、地价对于房价的影响关系。研究发现，东部地区房价对于地价反应明显，中部和西部对于货币反应明显；相应地，不同地区应基于地域特征，分别从土地供应量及结构控制、资金流入及流出控制引导等不同侧重点，结合对市场购房需求的引导，推动房地产市场平稳、健康发展。

张杰平、刘晓光（2016）结合我国货币政策实践，通过一个修正的 DSGE 模型模拟分析货币供应量增长对价格结构性上涨的影响机制。研究结果显示：货币供给量增长率提高 0.5%，将促使实际租房价格增加约 0.23%，实际房价上涨约 0.40%，而消费品实际价格则下降约 0.15%，这表明我国增加货币的冲击确实将产生价格结构性上涨现象。因此，央行继续单纯把 CPI 作为货币政策调整的“锚”已经不再合适，有必要考虑重新选择一个包含资产价格的更广泛的“政策锚”。

贺强、王汀汀（2016）从货币供给和需求的角度出发，探讨房价上涨的推动因素，分析房地产市场的资金来源，并结合资产配置探讨金融市场和经济结构的不平衡。总体而言，房价以及其他资产价格的波动背后都有货币因素的推动。但房市与股市、实体经济之间的冷热对比，更多折射出的是实体经济虚化、经济下行压力加大的严峻现实。

刘翠（2016）以房价波动与货币政策关系作为研究对象，利用 VAR-MGARCH-BEKK 模型对货币政策是否需要关注房价波动及具体的关注程度进行分析，研究结果表明，从均值溢出效应的检验结果看，经济增长与房价波动之间、房价波动与货币政策之间均存在显著的均值溢出效应，货币政策应关注房价波动；从波动溢出效应的检验结果看，经济增长与房价波动之间存在显著的波动溢出效应，房价波动与货币政策之间不存在显著的波动溢出效应，货币政策不应对房价波动进行直接干预，而应采取间接关注的手段来对房价波动作出反应。

赖文炜、陈云（2015）采用 2000—2010 年的 31 个省级面板数据，建立面板 VAR 模型，从价格效应和产出效应两个维度，实证研究房价波动

对我国货币政策有效性的影响。结果表明，货币政策的价格效应显著且有约1年半的时滞，而产出效应不显著；房价波动对货币供给量的影响不显著；无论是短期还是长期内，房价波动对通货膨胀和经济增长均无显著影响。因此，我国央行不仅要充分考虑货币政策传导的滞后性，提高货币政策的前瞻性，而且要将房价、房价投资及销售等房地产市场数据纳入调控货币供给量的参照指标。

谭政勋、王聪（2015）运用构建的后顾型结构模型，推导包含房价的最优利率规则与货币供应量规则，并把泰勒规则、货币政策如何反映房价的间接和直接观融于一体。从代理指标和计量方法上减轻货币政策的内生性并识别了货币政策立场，实证结果表明，没有出现“价格之谜”，我国货币政策应该对房价波动做出间接反应，这有利于维护政策的连续性及经济的稳定性。如果货币政策能够充分利用房价波动的当前信息与过往信息，而不只是过往信息，紧缩性货币政策能更有效地抑制产出、房价和通货膨胀；而宽松性货币政策能够减小宏观经济波动。货币供应量对通货膨胀、产出缺口波动作出充分反应，但对房价的反应不充分，利率对三个变量的反应均不充分。

谭政勋、刘少波（2015）在克服货币政策内生性和识别货币政策立场的基础上，在开放条件下对货币政策是否应当作出反应及如何对资产价格特别是房价波动的问题作出反应进行实证研究。结果表明，克服货币政策的内生性后，我国货币政策本身能够有效调控房价；央行在实际操作中也已对房价波动作出反应，而且货币政策对房价波动作出反应后，无论是紧缩还是宽松的货币政策，对宏观经济和房价的调控效果都会更好；同时，有管理的人民币浮动汇率制度可以促进出口并拉动经济增长，且部分缓解了人民币升值压力，但货币供应的独立性会受到较大的影响，并助推了房价的过快上涨。该书的计量模型和估计方法减弱了货币政策的内生性，实证结果没有出现“价格之谜”，与理论更为贴近，与我国货币政策实践及宏观经济运行状况也相一致，因此结果更为可靠。

吴敬琏（2014）认为，房价高的根本原因是货币超发，流动性过多，钱太多了。要解决这个问题，就要约束货币总量。但不能太急速地把它降下来，如果急速降下来就会发生企业的经营困难，有可能出现系统性风险。所以，即使确定了要采取稳健的货币政策，把货币流通量降下来也需要谨慎行事。

杨柳、冯康颖等（2013）选取 2002—2011 年间 66 个宏观经济指标构建 SFAVAR 模型分析了我国货币政策对房价的调控情况。研究发现：① 我国的货币政策实践已对房价波动作出了反应。② 相对于通货膨胀，价格型货币政策工具更关注房价，呈“逆风向行事”特征，但其作用的有效期较短，而数量型工具则在中长期对房价表现出较强的调控力度。③ 价格型工具调控房价每下跌 5% 单位，会使实际经济下降 12.5% 单位，数量型工具调控房价每下跌 0.1% 单位，却面临 50% 单位的实际经济损失。

张中华、林众（2013）利用人民币汇改后的数据，基于人民币汇改后稳定的升值预期与货币政策冲击特性的视角，对我国房价的影响进行实证研究。结果表明，人民币汇改机制对我国货币政策的独立性影响较小，“三元悖论”在我国适用；人民币汇改机制对房价的影响效果有限，对房价偏离均衡的调整速度不大；货币供给量对房价的冲击效果较显著，利率冲击对房价的影响较复杂且相对较小。他们建议，政府可以协调性地运用人民币汇率与货币政策调控组合调控房价，在货币政策上，应采用以控制货币供给量为主、调节利率为辅的组合工具。

徐忠、张雪春等（2012）认为，我国处于经济转型时期，房价、通货膨胀和货币政策都具有不同于其他国家的特点。我国的房价除了取决于供求的力量之外，还受人口结构、财税制度和土地供应制度等因素影响。他们利用我国 2005—2011 年的数据，通过实证分析发现：① 我国人口的流动性对房价和通货膨胀影响显著。② 我国负利率推升了房价的上涨。③ 货币政策的价格型工具对抑制房价有作用，而且加息对房价的抑制作用超过控制货币供应。

李健、邓瑛（2011）从理论上探究货币量与房价之间的双向联系，分析不同渠道下两者之间的动态“加速器”机制，并采用协整 VAR 模型的

框架在货币、资产价格、宏观经济之间建立多变量关系，同时针对美国、日本、中国三个国家的典型房价泡沫积聚时期的数据进行实证比较分析。结果表明，三个国家的货币量与房价之间都存在长期均衡关系，巨额货币存量推动房价上涨的力量比较强大而且明显。在资产泡沫积聚时期，推动房价上涨的实体因素不足，最重要的还是货币因素的推动。因此，要控制房价过快增长，需要中央银行调整货币政策框架及通货膨胀目标，关注资产的价格变化并有效控制货币量。

2. 土地供给影响房价的研究

李一花、化兵（2018）沿着政府财政赤字—土地财政—房价的逻辑探究房价上涨的成因，通过使用2002—2015年277个地级市的面板数据，运用面板回归模型及门限面板回归模型的研究发现，市级政府“土地财政”规模对房价存在正向影响；在进一步考虑财政赤字的影响后，发现财政赤字水平越高，“土地财政”规模对房价的促进作用越强。因此，当前行政调控房价的手段具有局限性。从长远来看，理顺政府间的财政分配关系，将财税体制改革与住房制度和土地供应制度结合起来，是建立房价调控长效机制的重要基础。

张鹏、高波（2018）认为，近年来的房地产价格剧烈波动，除了市场本身的原因之外，地方政府土地供给行为对房地产价格有多个渠道的深刻影响。他们运用统计数据进行供给弹性计算，将弹性与房地产价格进行回归，验证二者间的负相关关系。通过全国35个城市的实证研究发现，土地供给弹性与房地产价格之间存在显著负相关关系，一线城市土地供给弹性皆为负值，其房地产供给弹性远小于平均值，土地供给弹性和房地产供给弹性之间具有相关关系。研究发现对房地产市场的干预要从土地供给源头入手，加强土地供给弹性管理。

万建香、黄智（2018）选取上海市2005—2016年的时间序列数据，运用向量自回归模型分别将土地供应关系下的土地供应方式、供应数量以及供应价格对房价的影响进行实证分析。结果表明：土地供应方式由双轨

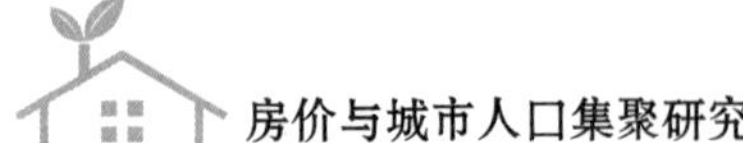

制供应到如今招拍挂制度的转变，推动了房价的上涨；上海市土地供应数量对房价有显著影响；土地出让价格与房价之间相互影响，且地价对房价有显著的作用，反之房价对地价则影响较弱。

张清源、苏国灿（2018）首先通过建立一个静态局部均衡模型，说明政府的土地供给行为对房价的影响机制，其次创新性地利用“撤县设区”这一准自然实验，并基于2000—2013年中国267个地级市的面板数据，运用PSM-DID方法研究土地供给对城市房价的影响，研究表明，土地供给规模的扩大的确有助于降低城市的房价水平。这一结论在排除城镇化推动商品房市场需求增长的情况后依然成立。因此，扩大土地供给规模以缓解供需矛盾是调控我国中心城市房价的有效手段。

梅冬州、崔小勇等（2018）基于中国土地制度的特点，以及地方政府依赖土地财政的事实，构建了一个包含金融加速器效应的多部门DSGE模型，模型包括房地产和非房地产部门，同时嵌入了地方政府的土地出让行为和支出结构。通过这一模型，他们分析了房价影响GDP的作用渠道和机制，结果发现，外部冲击带来的房价变动，导致了房地产部门投资和土地价格的波动，而土地价格的波动对地方政府财政收入产生了较大的影响。考虑到中国地方政府在基础设施上的支出偏向，地方财政收入的变化又会对投资和资产价格产生冲击，在金融加速器效应的作用下，这一冲击进一步放大，最终导致了总投资和GDP的剧烈波动。地方政府的土地出让行为联结了房价变动与地方政府的收入，而地方政府在基础设施投资上的偏向和金融加速器效应放大了房价对投资和整个经济的影响，三者的共同作用使得房地产部门成为中国经济波动的重要来源。

唐云锋、马春华（2017）将地方政府财政压力、土地财政与房价水平置于同一分析框架，系统考察引致中国城镇“房价棘轮效应”背后的地方政府财政压力和土地财政的影响机理。研究结果表明，地方政府为缓解财政压力，有动机增加土地财政收入，提高房价，以获得高额房地产相关税收；地方政府提高土地出让价格，等同于提高房地产成本，间接提高了房价，即地方政府财政压力不仅直接提升房价，还通过土地财政固化了“房价棘

轮效应”。

黄妍妮、李勇刚等（2017）在对现有文献进行系统梳理的基础上，利用2001—2012年全国31个省市区面板数据，构建面板联立方程模型检验了土地财政与房价波动对经济增长的影响。结果发现：① 土地财政与房价的相互影响系数均显著为正，两者存在正向的非线性关系。② 土地财政和房价的相互作用抑制了经济增长，房价的上涨通过土地财政的传导作用，对经济增长产生了负面的激励效应。因此，地方政府应注重经济增长的质量，逐步放弃对土地财政的依赖，加快转变地方经济发展模式，实现地方经济的健康稳定发展。

文乐、彭代彦等（2017）首次将土地供给、房价与人口半城镇化置于同一框架下进行系统分析，采用两阶段最小二乘法，以土地出让面积作为房价的工具变量，有效克服模型的内生性，从理论和实证两个方面研究了房价上涨对人口半城镇化的影响。结果发现，土地供给减少导致房价上涨，进而推升了人口半城镇化率，抑制了农村转移人口市民化。房价每上涨一个百分点，人口半城镇化率大约上升0.189个百分点。在未考虑内生性的情况下，房价对人口半城镇化的影响被严重低估。而2003年后土地供给政策收紧且向中西部地区偏移是导致东部房价上涨进而推升人口半城镇化率的重要根源。另外，他们还发现对外开放程度提高以及人力资本积累均有利于降低人口半城镇化率，相反，财政负担能力和户籍制度改革则产生了不利影响。因此，为了降低人口半城镇化率，有序促进农村转移人口市民化，提出如下三点政策建议：① 调整土地供给政策，并且健全住房供应体系，防止房价上涨过快。为此，需要增加东部地区以及大城市的土地供给，使土地供给与人口流动方向以及经济发展需求相匹配，同时增加廉租房和保障房的供应。② 大力发展工业、服务业，并提高对外开放程度，以创造更多的就业机会，增加居民收入，进而促进地区人口城镇化。③ 深化户籍制度，切实放宽农村转移人口的落户条件，同时还需要深化财政制度改单，增加地方公共服务并努力促进公共服务均等化。

李怀、何富彩（2016）选取全国31个省份1999—2014年商品房平均

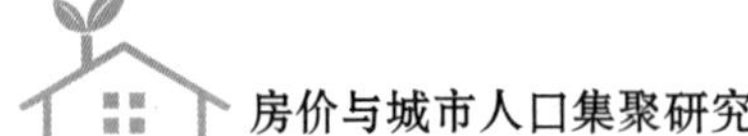

实际销售价格面板数据，通过固定效应回归分析结果表明，地方政府土地财政激励以及城镇化水平与房价上涨存在显著的正相关。此外，诸如城镇居民家庭人均实际可支配收入以及人口增长率等基本经济因素对房价也存在显著的正向影响。不过，关于全国范围内的面板数据固定效应回归可能掩盖不同地区之间存在的显著差异。稳健性检验的结果表明，在除西部外经济相对发达的地区，地方政府土地财政激励对房价具有更为显著的正向影响。与此同时，在西部以外地区，城镇化水平对于房价的推动作用更为显著。

刁伟涛（2015）认为，国有土地出让收入和地方债务收入是宽口径“土地财政”的重要组成部分，他通过对 2009—2012 年我国 30 个省份面板数据的实证研究表明，这两个因素对于当地房价具有正向的推动作用，后者的影响机制主要是债务支出的资本化。因此，建议进一步完善分税制财政体制，降低地方政府对土地财政的依赖，修正以 GDP 为核心指标的晋升考核制度，将地方债务规模和还债能力也纳入考核，在地方债“新规”下严格控制地方政府的发债规模并规范其支出投向。

王弟海、管文杰等（2015）通过一个具有住房“消费”的内生增长 OLG 模型的理论研究，并运用中国跨省面板数据进行实证研究表明：第一，具有住房“消费”的经济中存在唯一不稳定的鞍点均衡，均衡状态下的房价上涨率由经济增长率、人口增长率和住房供给增长率决定。第二，由于均衡状态不稳定，一旦房价过高使得人均住房消费占人均收入的比重高于均衡状态时，房价将会出现泡沫，经济会陷入长期的萧条并最终导致房价泡沫破灭。

吴莉莉、夏方舟（2014）实证分析山东省土地市场化程度对房价的影响发现：第一，山东省土地市场化程度与经济发展水平、房价并不完全一致；第二，山东省土地市场场化程度对房价的影响不显著；第三，山东省各地市房价的空间相关性很低，房价不受周边区域市场价格的影响。基于此，他们进一步得了以下结论：① 进一步优化土地资源，实现土地市场的健康发展。② 影响房价的因素非常复杂，土地“招拍挂”制度不是高房价的决

定因素。应采用差别化的房地产调控政策，因地制宜。③ 加快城市群有机联系和经济辐射功能。

谭术魁、李雅楠（2013）实证分析中国土地市场发育的区域差异，以及这种差异对房价的影响，研究表明：① 中国土地市场发育水平存在区域差异，区域内部的发育水平也不尽相同，东、中、西部的差异呈现先缩小后加大的趋势。② 土地市场发育对房价的影响同样存在区域差异，东部、中部地区具有负向影响，且东部较中部显著，西部地区具有正向影响。因此，提高土地市场发育水平可以促使房价达到合理水平，并且在提高土地市场化水平的基础上不断完善市场经济环境，有利于这种作用的实现。

郭珂（2013）采用 1999—2009 年中国省际面板数据研究土地财政依赖、财政缺口和房价间的关系，结果发现，土地财政依赖、财政缺口、房地产国内贷款与房价之间存在相互反馈的作用机制。静态和动态面板数据的分析结果表明，土地财政依赖具有显著为正的滞后效应，对房价存在显著的提高作用。此外，地方财政收入缺口和房地产国内贷款对房价也存在显著的正向影响，地方政府干预市场的行为对于我国近年来房价的不断攀升起到关键性的作用。对此，应当在经济和政策上引导地方政府改变以土地出让获取财政收入的融资方式，规范土地财政行为。

王岳龙（2012）采用干预分析模型，利用 1999 年 2 月—2010 年 10 月中国房价的月度时间序列数据，对以“8 · 31 大限”为代表的土地招拍挂政策进行规范的政策评估。研究表明，土地招拍挂政策的实施使全国房价提高了 4.7 ～ 15.7 个百分点。分地区的进一步研究发现，土地“招拍挂”政策对东部的北京和浙江并没有产生明显影响，对中西部地区的湖南、江西、贵州、宁夏四省区产生了较大的作用，体现出十分明显的地区差异。

宫汝凯（2012）通过考察分税制改革、土地财政和房价水平三者之间的关系，研究中国城镇房价持续快速上涨的制度性因素。研究发现，较高的房价水平与较大规模的土地财政相联系，而土地财政的形成与 1994 年的分税制改革密切相关。作者再将分税制改革、土地财政和房价纳入一个经济系统，采用 1999—2007 年的省级面板数据，对分税制背景下土地财

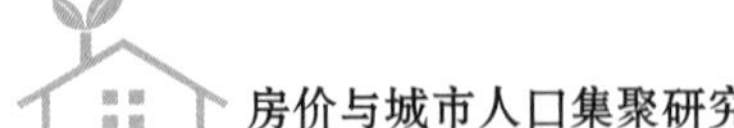

政的形成机制以及土地财政对房价的影响机制进行实证研究，结果显示，分税制改革引致的扩大化的财政分权度是导致房价持续过快上涨的不可忽视的制度性因素，进一步分析得出，土地财政是联系分税制改革和高房价的中间变量，在控制了其他潜在影响房价的多种因素后，估计结果依然是稳健的。

况伟大、李涛（2012）使用中国35个大中城市2003—2008年土地市场和房地产市场数据，考察了土地出让方式对地价和房价的影响。描述性分析发现，地价房价比不高，均值为10.23%；土地出让金占地方财政收入比重均值为62.49%，已成为地方政府的“第二财政”；协议出让面积占比最高，其次是挂牌出让和行政划拨，最小是拍卖和招标，土地出让存在明显的“双轨制”。实证发现，房价主要是由供求决定的，而非由地价和土地出让方式决定。因此，控制房价过快上涨，主要是调节房地产供求关系，而非一味地降低地价乃至否定土地的招拍挂制度。实证还发现，地价主要是由房价决定的，而非土地出让方式决定的。这表明，招拍挂制度并未导致地价的快速上涨，高房价是“地王”出现的主因。

邵新建、巫和懋等（2012）认为，地方政府对城市土地市场的垄断正是难以调控的房价泡沫的主要“硬核”之一。随着各市县土地收购储备机构的普遍成立以及招拍挂土地出让方式的强力推行，原来实际为多头、分散供给的城市土地市场逐渐转变为地方政府控制下的垄断性市场。理论模型表明，如果地方政府以土地收益最大化为决策目标，则其理性选择就是通过控制土地供给量推高城市土地价格，而经过房地产开发企业的竞争，高地价将最终传导形成高房价。通过投资者的“预期成本效应”，由竞价市场产生的高地价信号将立即拉高当期房价。实证研究支持上述理论假说。这意味着要抑制房价的过快上涨，长期治本之策在于打破城市土地市场的垄断格局。中短期来看，需要激励地方政府改变其以土地收益最大化为主要决策目标的做法。

王斌、高波（2011）认为土地财政和晋升激励是激发地方政府推动房价上涨的两大动力，他们通过使用中国省际面板数据，在控制其他影

响因素的前提下，就土地财政和晋升激励对房价的影响效果进行了实证分析发现：① 土地财政不但没有推高房价，反而对房价上涨产生抑制作用。② 地方政府官员基于晋升需要，产生对 GDP 的追求，对房价的影响相对更加显著。③ 总的来看，地方政府对房价的影响作用有限，我国房价走势主要由居民收入、货币供应和房价自身等经济因数所决定。

（四）文献评述

从现有研究房价的文献来看，主要存在以下几个缺陷：

第一，已有文献过于着重研究影响房价的市场供需因素，而忽略了房屋内在价值对房价的决定性作用。不同于一般的商品，房屋的内在价值不仅限于人们所常见的实物功能（指的是居住功能），而且还包括了其他无形的更有价值的功能。例如，你买下城市某一地段的房屋，你的小孩就拥有了在该地段优质小学入学的资格，亦即该房屋还自带了享受优质学位资源的功能，与此同时，你还可以免费享受该地段周边便利的交通设施、休闲娱乐的公园设施等，就近享受到该地段附近丰富的商业资源、就业资源、医疗卫生资源等。亦即是说，我们买房不仅是看中了该房屋的居住功能，我们还需要衡量该房屋所能带来的教育、就业、医疗、生活等方面享受的功能，这些都构成了房屋的内在价值，在一定程度上，正是这些内在价值决定了房屋的价格。

第二，一直以来，政府调控房价的主要手段都是限购、限贷和限价，利用控制需求的方法来打压房价，但效果都不甚理想。关于究竟要采取什么样的措施才能有效调控房价，已有文献并没有给出一个令人信服的方案。

第三，虽然货币超发、人口城镇化、收入增长、土地供应等因素对我国城市房价上涨形成了较大影响，但除此之外，还有更重要、更核心的因素推动着我国房价上涨，这就是高校扩招背景下的大学生人口迁移，正是这个越来越庞大的迁移群体构成了近十年来我国各大中城市住房的强大购买力。基于中国高校扩招背景的大学生人口迁移是一个特殊的现象，它在迁移时间、规模、人口特征上都与一般的地区人口迁移有显著区别，其对中国房价的解释力也更强。而目前关于这方面的研究还相当缺乏。

第四，从国际经验看，发达地区人口高度集聚的特大型城市的房价收入比都普遍较高，但我国一线大中城市的房价收入比竟然远远超过了它们，已有文献并没有对此作出很好的解释，缺乏较好的经验实证。另外，我国大中城市如此高的房价收入比对其人口集聚进程有怎样的影响？已有的研究也没有给出相应的检验答案。

三、研究内容与框架

根据研究目的，本书研究的内容分为六章，其中，第一章是绪论部分，最后第一章为研究结论和政策建议，中间章节为研究的主要内容。具体安排如下：

第一章是绪论。主要阐述选题的背景、研究目的和研究意义、研究方法与内容安排等，并对关于房价的国内外主要研究成果和文献进行梳理和评述，提出本书的创新之处及切入点。

第二章是基于城市资源视角的房屋内在价值研究。从城市资源配置的角度，研究城市房价背后的决定性因素及回归房子人口居住功能的机制路径，并依据全国 35 个大中城市的面板样本数据进行实证检验。与已有文献相比，本书的贡献是：一是与大多数着重于市场供需影响房价的研究不同，本书从城市资源配置决定房屋内在价值的新视角，研究中国城市房价变动。二是与大多数强调用行政手段调控房价的研究不同，本书从城市资源分离的角度回答了如何回归房子的人口居住功能的问题。

第三章是基于高校扩招视角的房价上涨动力研究。来源于全国各地城镇和农村的众多高校大学生，毕业后却集中向一些大中城市迁移，而高校扩招使得这种迁移变得越来越规模化。从需求的角度看，如此大规模的高素质人口迁移对城市房价的影响将是巨大的。因此，本书基于中国高校扩

招特殊背景的大学生人口迁移这个新视角对中国近十年房价大幅上涨的机理进行深入分析，并采用全国35个大中城市的面板数据对所提出的命题进行检验。

第四章是基于城市资源与人口集聚视角的房价中介与调节效应研究。以城市资源质量、房价及人口迁移集聚之间的关系为研究对象，探讨房价在城市资源与人口集聚间所起的中介与调节效应，并以全国35个大中城市的面板样本数据进行实证检验。相比于已有文献，本书的贡献是：第一，区别于直接将房价视作城市房屋价格的已有研究，本书检验说明房价代表的并不仅是城市房屋的价格，而是城市房屋及其周边众多资源的价格；第二，房价只是影响城市间人口迁移集聚的表面因素，深层次的是房价背后所代表的众多不同质量的资源，本书首次将城市资源质量纳入房价与人口迁移集聚关系的分析框架，为现有研究提供了更为深入的理论视角。第三，区别于直接检验城市房价与人口迁移集聚关系的回归分析，本书将房价作为中介与调节变量，实证检验其对城市资源与人口迁移集聚关系所产生的两种效应。

第五章是基于人口集聚视角的高房价收入比形成原因及影响研究。到底我国大中城市的高房价收入比对其人口集聚进程有怎样的影响？学界对于此问题的观点争论很多，但一直缺乏较好的经验实证，也没有形成逻辑一致的系统理论框架。因此，本书从我国特有的经济、社会制度因素出发，从人口集聚、经济集聚的视角，构建房价收入比变化的系统框架，在研究城市人口集聚机制与趋势的基础上，以全国35个大中城市为样本，实证检验引起我国房价收入比变化的关键因素，以及高房价收入比对大中城市人口集聚的影响。

第六章是总结和政策建议。归纳全书的主要研究结论，并提出关于如何看待高房价、如何调控房价、如何利用房价等方面的政策建议。

第二章　房屋的内在价值：居住及享受城市资源

一、问题的提出

近十多年来，我国房价不断大幅上涨，在此期间，政府几乎利用了所有手段对房地产市场进行调控，包括限购、限价、加息、罚款等，但都没有取得降房价的明显效果。在此背景下，党的十九大报告明确提出了“房子是用来住的，不是用来炒的”的定位。那么，如何才能降房价，回归房子的人口居住功能呢？

我们先来看一个真实的天价房案例。北京西城区文昌胡同位于长安街南与长安街之间，在这个胡同里有很多纵向相交的二级胡同，每个小胡同里都有很多门户，而每个大门后的院里都紧密的挤满了面积狭小的旧平房，几乎都有上百年甚至几百年的历史。按理说，这些建成已有那么长时间的平房都比较破旧，面积小，格局不好，许多都没有室内厕所，居住起来并不舒适，甚至有些都不适宜居住。然而，就在这里，就是这些破旧的平房，产生了大量的天价纪录。2015 年初，据媒体报道，文昌胡同大杂院里一间面积仅 10 平米的平房，总价卖出 340 万元，折合单价 34 万元，引发民众一片愕然。2016 年，将近一年的时间之后，曾经让人震憾不已的成交单价

已经不再是新闻，平房的价格已经上涨到了400多万至500万元的水平，“天价”屡被刷新，而且这样小面积、总价低、可供上市交易的平房房源也越来越稀缺。

据众多房产中介人员的介绍，文昌胡同的房子之所价格那么高，源于它的地理位置。文昌胡同全长不过400余米，占据文昌胡同超过四分之一长度的是一座外观整齐、设施漂亮的建筑群，这就是大名鼎鼎的北京第二实验小学。房产经纪人都说“它是北京最好的小学。”在众多关注学区房的消费者心中，它是北京最好的小学，属于北京“权贵”小学之最。根据小学的官网介绍，实验二小始建于1909年，为百年名校，学校有市、区学科带头人和骨干教师103人，正高级教师2人，高级教师26人，其中特级教师5人，另有博士、硕士共38人。另外，更为重要的是，从实验二小毕业的孩子可以便利地升入属于同一区域的北京师范大学附属实验中学，这个中学也是北京名校的佼佼者。清华同衡城市规划设计院技术创新中心副总工程师王鹏就说：“这里的大多数人买这些房，并不是去住的，而只是作为投资和学位，我们实际走访发现，基本上没有自住的情况。”

上面这个案例说明了什么问题？它说明，城市房子并不仅仅只有居住功能，房价也往往并不是由房屋本身决定的。如果由房屋本身的质量和建造成本来决定房价，那么众多一线城市旧城区的破旧平房可能根本就不值钱，因为很多这样的房子都不太适宜居住，反而是处于郊区或农村的新建小洋房、别墅、公寓更值钱。现实却是相反的，一线城市破旧平房的价格远远超过了郊区或农村的新建房屋，前者往往是后者的几十或上百倍。上面的案例为我们揭示了一点，房价其实是可以由房屋背后的教育学位资源的收益决定。但这也只是一个方面，我们还可以发现，在同一城市内部，靠近地铁站的房屋往往比离地铁站远一点的房屋价格更高，靠近商业圈的房屋往往比离商业圈远 点的房屋价格更高，等等。这样，要降房价，回归房子的人口居住功能，我们首先要搞清楚，房价到底是由什么决定的？房屋除了居住功能，是否还具有其他有价值的功能？这些有价值的功能对房价造成了多大的影响？如何把这些有价值的功能与房子的居住功能进行分离，以实现降房价，回归房子的人口居住功能？本书将基于这些问题，从城市资源配置的角度，研究城市房价背后的决定性因素及回归房子人口居住功能的机制路径，并依据全国 35 个大中城市的面板样本数据对此进行实证检验。

二、理论分析及假设

根据价格理论，商品的价格是由供给与需求决定的。Alchian（1964）有一句经典的名言："价格，是买家与买家竞争、卖家与卖家竞争的结果。"房价也不例外，它直接受到市场供需的影响。在国内，学术界大多围绕供需两方面研究房价上涨问题。

在供给方面，与价格理论一致，大多数研究认为住房与土地供给负向影响房价，供给增加会导致房价降低，供给减少导致房价上升（况伟大，李涛，2012），只是在实证上存在一些结构性差异。邵新建、巫和懋等（2012）通过理论与实证研究发现，地方政府对城市土地市场的垄断正是房价泡沫的主要"硬核"之一。随着各市县土地收购储备机构的普遍成立以及"招拍挂"土地出让方式的强力推行，原来实际为多头、分散供给的城市土地市场逐渐转变为地方政府控制下的垄断性市场。要抑制房价的过快上涨，长期治本之策在于打破城市土地市场的垄断格局。刘学良（2014）通过估计中国 35 个大中城市的住房供给价格弹性发现，对中国城市的住房供给弹性影响最大的两个因素为每单位土地经济密集度和地方政府住房开发管制，它们对当地的房价增长率具有很强的解释作用。张东、杨易（2014）将供给划分为土地供给、增量供给和存量供给三种形式，分析供给对房地产价格的影响，实证结果表明，增量供给和存量供给对房价的影响显著，土地供给对房价的影响较微弱。文乐、彭代彦、覃一冬（2017）通过实证发现，土地供给减少导致房价上涨，进而推升了人口半城镇化率，抑制了农村转移人口市民化。房价每上涨一个百分点，人口半城镇化率大约上升

0.1894个百分点。在未考虑内生性的情况下，房价对人口半城镇化的影响严重被低估，而2003年后土地供给政策收紧且向中西部地区转移是导致东部房价上涨进而推升人口半城镇化率的重要根源。张清源、苏国灿、梁若冰（2018）利用“撤县设区”这一准自然实验，并基于2000—2013年中国267个地级市的面板数据，运用PSM-DID方法研究土地供给对城市房价的影响，发现土地供给规模的扩大的确有助于降低城市的房价水平，并且这一结论在排除城镇化推动商品房市场需求增长的情况后依然成立。

在需求方面，影响房价的因素比较多，主要包括货币、收入、人口等方面。首先是货币，多数研究认为货币供给增加和利率下降推动了房屋需求的增加，进而推升房价（贺强，王汀汀，2016；余华义，黄燕芬，2015）。李健、邓瑛（2011）通过对美国、日本、中国三个国家的典型房价泡沫积聚时期的数据进行实证分析，发现货币量与房价之间存在长期均衡关系，巨额货币存量推动房价上涨的力量比较强大而且明显，在资产泡沫积聚时期推动房价上涨的实体因素不足，最重要的还是货币因素的推动。徐忠、张雪春等（2012）利用中国2005—2011年的数据实证发现，货币流动性对房价和通货膨胀影响显著，负利率推升了房价的上涨，货币政策的价格型工具对抑制房价有作用，并且加息对房价的抑制作用超过控制货币供应。其次是收入，多数研究认为居民家庭人均可支配收入的大幅增加大大提高了城镇居民的购房能力，增加了有效需求，因此房价随着居民收入的增长而出现快速上涨（张超，李超等，2015）。张所地、范新英（2013）选取35个大中城市1999—2011年的样本数据，利用面板分位数回归模型进行实证分析，发现我国大中城市的房价主要由收入拉动而非成本推动，收入是影响房价上涨的主要因素，利率变动对房价的影响不显著，房价水平越高的城市，房价受收入的影响程度越高，而受成本、人均GDP等因素的影响程度越低。高波、王文莉、李祥（2013）运用2000—2010年中国35个大中城市的面板数据做实证检验发现，在所有影响因素中，居民人均可支配收入的变化对城市房价租金比变动的影响力最大。第三是人口。一般认为，越多人口迁入的地区的房价会上涨得越快，且人口密度越高的地区的房价会越高（李超、匡耀求，2013）。陆铭等（2014）基于对中国地级市数据的经验研究发现，外来人口（移民）占比更高的城市房价更高，表现为2000年移民占比每多出10个百分点，2005年房价就会高出8.33%。在移民占比变化更大的城市，房价和房价增长率都更高，表现为2000—2005年移民占比变化每多出10个百分点，2005年房价就会高出16.17%，2000—2005年房价增长率高出18.45%。张超、李超等（2015）采用全国35个大中城市的面板数据实证表明，中国城市房价上涨的最主要推动力来源于高校扩招政策实施所带来的大量高素质人口迁移形成的巨大住房需求，这些高校生来自全国各地，毕业后却集中向一些大中城市迁移，对当地房价形成了显著的正向影响。

毫无疑问，市场供需是影响商品价格的主要方面，但过于信仰价格理论，却极易让人忽略了商品的价值规律，即商品的内在价值才是决定商品价格的根本。就比如，一头牛的价格高低，不仅受当下牛的供给与人们对牛的需求影响，还关键取决于这头牛本身所能给人们带来的价值，包括牛肉的口感味道、营养价值，牛皮的使用价值，以及牛在耕田等用途的使用价值大小，等等。对于房价而言，实际上学术界一直过于着重研究市场供需的影响，而忽略了房屋内在价值对房价的决定性作用。

更为重要的是，不同于一般的商品，房屋的内在价值不仅限于人们所常见的实物功能（指的是居住功能），而且还包括了其他无形的更有价值的功能。例如，你买下城市某一地段的房屋，你的小孩就拥有了在该地段著名小学入学的资格，也即该房屋还自带了享受优质学位资源的功能，与此同时，你还可以免费享受该地段周边便利的交通设施、休闲娱乐的公园设施等，就近享受到该地段附近丰富的商业资源、就业资源、医疗卫生资源等。也即是说，我们买房不仅是看中了该房屋的居住功能，我们还需要衡量该房屋所能带来的教育、就业、医疗、生活等方面享受的功能，这些都构成了房屋的内在价值，一定程度上正是这些内在价值决定了房屋的价格。近来，已经有部分文献留意到教育、就业、医疗等公共服务对房价的影响（梁若冰、汤韵，2008；李祥、高波等，2012），如范新英、张所地（2015）

检验了城市公共服务供给水平对房价变动的影响，结果表明，公共服务供给与房价之间存在显著的非线性门限关系，随着公共服务供给水平的增加，其对房价的影响也逐步增大，城市间公共资源配置失衡是造成一些城市房价分化的主要原因。

实际上，房屋的实物建造成本在全国各地其实相差不大，房价之所以在不同城市甚至同一城市的不同区域、地段有如此大的区别，关键在于不同区域、地段的房屋除了居住功能这个价值以外，还拥有在教育、就业、医疗、生活等方面完全不同的享受功能的价值。由于居住功能的价值完全取决于房屋的质量，这在不同城市的区别不大，而获得房屋其他功能享受的价值则受不同城市资源质量高低的影响，越是拥有高质量资源的城市，房屋其他功能享受的价值无疑就会越高（李超、张超，2018）。因此，不同城市房价的高低往往取决于该城市资源质量的高低，越是资源质量高的城市，买房者从房屋中所获得的该城市资源享受功能的价值就越高，它的房价相应地也会越高。

基于此，我们提出本书的核心命题：房屋的内在价值不仅包括人们所常见的居住功能（实物功能），而且还包括获得城市教育、就业、医疗、生活等资源享受的其他更有价值的无形功能，它是决定城市房价的关键性因素，越是资源质量高的城市，其房屋的内在价值就会越高，房价也相应地越高。在下文中，我们将利用 35 个国内大中城市的面板数据来验证这一命题。

三、数据与模型

为了检验城市资源配置对房价的影响，本书选取近十几年来房价上涨最快的全国 35 个大中城市，包括北京、天津、石家庄、太原、呼和浩特、沈阳、大连、长春、哈尔滨、上海、南京、杭州、宁波、合肥、福州、厦门、南昌、济南、青岛、郑州、武汉、长沙、广州、深圳、南宁、海口、重庆、成都、贵阳、昆明、西安、兰州、西宁、银川、乌鲁木齐等作为研究对象，数据范围为城市房价上涨最为迅猛的 11 年，即 2006—2016 年，数据来源于中华人民共和国国家统计局网站的“主要城市年度数据”以及历年《中国城市统计年鉴》。除了检验城市资源配置对房价的影响，我们还把影响房价的市场供需变量，包括工资收入、人口密度、住房供给等，纳入实证模型加以考虑，相关变量的具体设定如下：

（一）因变量

房价（*FJ*）是本书所要研究的因变量，在指标选择上，我们以各城市的住宅商品房平均销售价格（单位：元 / 平方米）来反映房价。

（二）自变量

城市资源质量是本书所要研究的自变量，如何衡量城市资源质量呢？本书仿照李超、张超（2018）的研究，以教育、医疗、就业、生活等四个方面的指标来衡量城市资源质量，也即自变量有四个，分别为教育资源质量（*JY*）、医疗资源质量（*YL*）、就业资源质量（*GD*）和生活资源质量（*SH*）。

1. 教育资源质量（*JY*）

我们以各城市“普通高等学校在校学生数”（单位：万人）指标来衡量该城市的教育资源质量，在高等教育资源越丰富的城市，普通高等学校在校学生数就越多，表明该城市的教育资源质量越高。

2. 医疗资源质量（*YL*）

我们以各城市“执业（助理）医师数”（单位：万人）来衡量该城市的医疗资源质量，在执业（助理）医师数越多的城市，其所能提供的医疗服务就越多，表明该城市的医疗资源质量越高。

3. 就业资源质量（*GD*）

我们以各城市“国内生产总值（GDP）”（单位：亿元）来衡量该城市的就业资源质量，国内生产总值（GDP）越高的城市，其所能提供的创

业和就业的机会就越多，表明该城市的就业资源质量越高。

4. 生活资源质量（*SH*）

我们以各城市“社会商品零售总额”（单位：亿元）来衡量该城市的生活资源质量，社会商品零售总额越高的城市，其所能提供的生活消费场所、设施和品种就越多，表明该城市的生活资源质量越高。

值得注意的是，为了消除城市间规模大小不同造成的影响，我们进一步将四种城市资源质量指标分别除以“城市面积”，以城市每平方公里的资源配置作为城市资源质量指标，也即，上述四个城市资源质量指标表示的都是平均每平方公里的城市资源质量。

与此同时，由于以上四种城市资源具有较强的相关性，所反映的城市资源质量信息在一定程度上有重叠，比如就业资源质量好的城市，其生活资源质量可能也会相应地更高；教育资源质量好的城市，拥有的高校附属医院就多，在以高校附属医院为主要力量的中国，其医疗资源质量可能也会相应地更高。因此，为了防止回归的共线性问题，使所得到的结果更加科学有效，本书进一步利用主成分分析法，将以上四个衡量城市资源质量的指标，合成为一个综合指标，即城市资源质量（*PC*）。这个综合指标能够反映四个原始变量的大部分信息，且所含信息互不重复，本书将其单独作为一个全面反映城市资源质量的自变量，加以回归分析。

（三）控制变量

根据已有文献研究，房价主要受市场供需的影响，因此本书将市场供需因素作为控制变量加以考虑。其中，在供给方面，主要考虑住房供给指标；在需求方面，主要考虑居民收入、人口密度指标，货币供给也是影响房屋需求的重要因素，但对于国内不同城市来讲，都处于同一宏观货币政策之下，没有明显区别，因此这里不把货币供给作为其中的控制变量。

1. 住房供给（*GJ*）

我们以各城市“房地产住宅竣工面积”（单位：万平方米 / 年）指标

来衡量该城市的住房供给情况，理论上，住房供给越多越有利于降房价。

2. 居民收入（*SY*）

我们以各城市“在岗职工平均工资”（单位：元/年）指标来衡量该城市居民收入的高低，理论上，居民收入越高，其对该城市房屋的购买力就越强，越容易推动房价上涨。

3. 人口密度（*RK*）

我们以各城市“每平方公里的人口数”来衡量该城市的人口密度，理论上，越多人口集聚的城市，对住房的需求就越大，也越容易推动房价上涨（李超，匡耀求，2013）。

表 2-1（a） 相关变量的描述性统计

	房价（*FJ*）	居民收入（*SY*）	人口密度（*RK*）	住房供给（*GJ*）
Mean	7 146.22	47 676.73	658.869 3	710.476 1
Median	5 847.00	45 392.00	575.791 3	536.470 0
Maximum	45 498.00	122 749.0	2 287.068	3 386.350
Minimum	1 940.32	16911.00	123.654 5	45.570 00
Std. Dev.	4 936.47	19 137.10	420.101 0	567.553 5
Skewness	2.851 7	0.770 457	1.636 939	1.843 230
Kurtosis	15.929	3.704 858	6.800 497	7.085 734
Jarque–Bera	3 203.39	46.059 52	403.641 3	485.793 1
Sum	2 751 295	18 355 542	253 664.7	273 533.3
Sum Sq. Dev.	9.36E+09	1.41E+11	67 770 187	1.24E+08
Obs.	385	385	385	385
Cross sections	35	35	35	35

表 2-1（b） 相关变量的描述性统计

	医疗资源质量（*YL*）	教育资源质量（*JY*）	就业资源质量（*GD*）	生活资源质量（*SH*）
Mean	2.377 640	42.299 53	6 903.866	2 624.446
Median	1.661 712	31.127 16	3 499.362	1 395.022
Maximum	15.361 45	142.222 5	97 854.45	27 674.71
Minimum	0.275 030	4.540 896	367.394 9	120.445 7
Std. Dev.	2.368 645	32.640 45	11 580.89	3 719.835
Skewness	2.635 480	1.008 090	4.473 008	3.575 384
Kurtosis	11.109 73	3.112 313	27.564 25	18.667 41
Jarque–Bera	1 500.709	65.411 44	10 963.42	4 757.980

续表

	医疗资源质量（*YL*）	教育资源质量（*JY*）	就业资源质量（*GD*）	生活资源质量（*SH*）
Sum	915.391 3	16 285.32	2 657 988	1 010 412
Sum Sq. Dev.	2 154.424	40 9113.2	5.15E+10	5.31E+09
Obs.	385	385	385	385
Cross sections	35	35	35	35

这样，根据以上因变量、自变量与控制变量的设定，我们构建了以下两个回归模型：

$$FJ_{i,t}= c+\beta_1 JY_{i,t}+ \beta_2 JY_{i,t}+\beta_3 GD_{i,t}+\beta_4 SH_{i,t}+\beta_5 GJ_{i,t}+\beta_6 SY_{i,t}+\beta_7 RK_{i,t}+ \varepsilon_t \quad（式 2–1）$$

$$FJ_{i,t}= c+\lambda_1 PC_{i,t}+\lambda_2 GJ_{i,t}+\lambda_3 SY_{i,t}+\lambda_4 RK_{i,t}+\varepsilon_t \quad（式 2–2）$$

其中，c 是常数项，ε_t 为随机项。式 2–1 是将四个反映城市资源质量的指标分别作为自变量进行回归，β_1、β_2、β_3、β_4、β_5、β_6、β_7 分别是回归系数；式 2–2 是将四个反映城市资源质量的指标合成一个主成分综合指标，单独作为自变量进行回归，λ_1、λ_2、λ_3、λ_4 分别是回归系数。

四、经验分析

为了实证城市资源配置对房价的影响，本书分为两步作检验。·是先简单地选几个代表性城市及几个简单直观的指标检验不同城市间的资源质量与房价的关系；二是基于全国 35 个大中城市的面板数据来进行大样本实证。

首先是用几个代表性城市直观检验资源质量与房价关系。选取北京、上海、广州等 3 个具有代表性的一线城市，以及武汉、长沙、郑州等 3 个具有代表性的二线城市作为样本案例进行分析。房价数据来源于房天下网站统计的 2017 年 11 月份各城市二手房成交均价，教育资源数据来源于中国教育网，医疗资源数据来源于 99 健康网，生活和就业资源数据来源于各城市 2016 年统计年鉴。

如表 2–2 所示，以拥有的“211”工程大学数量作为衡量教育资源的指标，以 GDP 总量作为衡量生活和就业资源的指标，以三甲医院数量作为衡量医疗资源的指标，以二手房平均成交价格作为衡量房价的指标。我们可以发现，越是教育、医疗、生活、就业资源质量高的城市，其房价也会相应地越高。其中，北京和上海的各种资源最为丰富，房价也是最高的；广州的教育资源比不上武汉，但医疗、就业与生活资源远高于武汉，房价也比武汉高出不少；郑州和长沙的各项指标几乎都比以上 4 个城市差，房价也是最低的。这表明，越是资源质量高的城市，其房价也会相应地越高。

表 2–2　各城市教育、医疗、生活、就业资源与房价的关系

城市	教育资源 211 工程大学数量（所）	就业与生活资源 GDP（亿元）	医疗资源 三甲医院数量（个）	房价 二手房平均成交价格（元 / 平方米）
北京	26	23 014.59	88	58 472
上海	9	25 123.45	59	57 850
广州	4	18 100.41	40	32 491
武汉	7	10 905.6	29	18 390
郑州	1	7 311.52	31	16 010
长沙	3	8 510.13	18	9 802

其次，本书基于全国 35 个大中城市的面板数据来进行大样本实证。如表 2–3 所示，本书先对影响房价的市场供需因素进行回归（模型 1），然后逐步加入四个衡量城市资源质量的自变量，回归分析每种城市资源质量对房价的影响（模型 2 至模型 6），最后再实证分析主成分综合指标城市资源质量（*PC*）对房价的影响（模型 7）。

表 2–3　面板估计结果

变量	模型 1	模型 2	模型 3	模型 4	模型 5	模型 6	模型 7
C	−9346.8*** （−11.79）	−9072.0*** （−11.24）	−7281.1*** （−9.004）	−838.03 （−0.823）	−3376.1*** （−3.481）	−678.26 （−0.654）	563.55 （0.451）
GJ	−2.14*** （−6.03）	−2.066*** （−5.79）	−1.682*** （−4.93）	−1.065*** （−3.337）	−1.041*** （−3.049）	−1.129*** （−3.425）	−1.1875*** （−3.588）
SY	0.106*** （20.12）	0.112*** （17.77）	0.079*** （12.15）	0.0793*** （15.51）	0.068*** （10.80）	0.086*** （11.98）	0.065*** （10.19）
RK	19.666*** （15.28）	20.283*** （15.21）	12.58*** （7.81）	4.227** （2.396）	9.07*** （5.519）	3.534* （1.875）	6.580*** （3.695）
JY		24.055* （1.707）				15.349 （1.198）	
YL			1510.58*** （6.686）			452.14* （1.787）	

续表

变量	模型 1	模型 2	模型 3	模型 4	模型 5	模型 6	模型 7
GD				0.315*** （11.218）		0.400*** （5.381）	
SH					0.776*** （9.09）	−0.381* （−1.73）	
PC							2307.8*** （9.595）
Adj_R^2	0.913	0.914	0.923	0.936	0.93	0.937	0.931
F	110.51	108.27	122.32	149.62	135.08	140.92	138.26

注：括号里的数字表示 t 统计值，*、**、*** 分别表示 10%、5%、1% 显著性水平。根据 Hausman Test 的结果，各模型都采用固定效应模型（Fixed model）进行估计。

我们先来看市场供需因素（控制变量）对房价的影响。从模型 1 到模型 7，我们看到，居民收入（*SY*）都在 1% 的显著水平下正向影响当期房价，即一个城市越是工资收入高，其房价越高；人口密度（*RK*）都至少在 10% 的显著水平下正向影响当期房价，即一个城市越是人口密度高，其房价越高；住房供给（*GJ*）都在 1% 的显著水平下负向影响当期房价，即一个城市越是住房供给多，其房价越趋于下降。这些都符合我们的理论预期。

接着，我们再来看城市资源质量（自变量）对房价的影响。从模型 2 至模型 6 的回归结果可发现，加入衡量城市资源质量的自变量后，模型整体的拟合效果都比只有市场供需因素的模型 1 表现更好了，相关系数都有不同程度的提高。具体来看，模型 2 的结果显示，教育资源质量（*JY*）在 10% 的显著水平下正向影响当期房价，即一个城市越是教育资源丰富，其房价越高；模型 3 的结果显示，医疗资源质量（*YL*）在 1% 的显著水平下正向影响当期房价，即一个城市越是医疗资源丰富，其房价越高；模型 4 的结果显示，就业资源质量（*GD*）在 1% 的显著水平下正向影响当期房价，即一个城市越是就业资源丰富，其房价越高；模型 5 的结果显示，生活资源质量（*SH*）在 1% 的显著水平下正向影响当期房价，即一个城市越是生活资源丰富，其房价越高。

然而，模型 6 将所有四个衡量城市资源质量的自变量都加入回归分析后却发现，医疗资源质量（*YL*）、就业资源质量（*GD*）对房价影响的显著程度下降，教育资源质量（*JY*）对房价的影响变得不显著，生活资源质量（*SH*）对房价的影响更变为负向了。这是因为出现了上文所提到的回归共线性问题，四个衡量城市资源质量的自变量间具有较强的相关性，所反映的城市资源质量信息在一定程度上有重叠。如表 2–4 所示，四个衡量城市资源质量的自变量的相关系数距阵显示，两两变量间的相关系数很多都超过了 0.9，回归共线性比较严重。

表 2–4　四个衡量城市资源质量的自变量相关系数距阵

变量	*GD*	*JY*	*SH*	*YL*
GD	1	0.321680817	0.982287299	0.935757149
JY	0.321680817	1	0.423901257	0.461630217
SH	0.982287299	0.423901257	1	0.948417421
YL	0.935757149	0.461630217	0.948417421	1

注：表格中为两两变量间进行面板回归得到的相关系数。

因此，我们进一步回归分析主成分综合指标城市资源质量（*PC*）对房价的影响（模型 7），这个综合指标能够反映四个衡量城市资源质量的原始变量的大部分信息，且所含信息互不重复。模型 7 结果显示，城市资源质量（*PC*）在 1% 的显著水平下正向影响当期房价，即一个城市越是拥有丰富的教育、医疗、就业、生活等资源，其房价越高。这样，无论是衡量单个衡量城市资源质量的指标，还是衡量城市资源质量的综合指标，都显示其与房价成正相关关系，本书的核心命题得到证明。

五、进一步讨论：回归房子人口居住功能的机制路径

上文的理论及经验分析表明，房屋的内在价值由其人口居住功能及获得城市教育、就业、医疗、生活等资源享受的其他功能构成，它是决定城市房价的关键性因素，越是资源质量高的城市，其房屋的内在价值就会越高，房价也相应地越高。因此，要实现降房价，让房子回归到“是用来住的、不是用来炒”的定位，关键在于尽可能地把城市的教育、就业、医疗、生活等这些有价值的资源享受功能与房子的人口居住功能进行分离，使得

房屋的内在价值更多地体现在人口居住功能上。这样，房价也就自然地体现为“是用来住的”价格，而不是随时能被炒作起来的附带各种城市资源的价格，如天价学位房、高端商区房等。

第一，对于一些难以直接与房屋分离的城市资源享受功能，创造条件减少捆绑程度。在现实中，有很多城市资源是天然就与房屋捆绑在一起的，如商场、物流中心、娱乐场所、饭店、旅馆、公园、医院、药店、写字楼等各种便利的资源往往都集中在城市的某些中心区域，购买这些区域的房子自然就能近水楼台地享受这些城市资源的好处。我们不太可能把这些天然就与房屋捆绑在一起的资源享受功能与房屋进行完全分离。虽然如此，但是我们能创造条件减少这些资源与房屋的捆绑程度，进而降低房屋的内在价值，使购房者尽量少支付捆绑资源的价格，从而降低房价。比如，进一步完善城市内部及城市间的交通基础设施，通过快速通道、地铁、轻轨、动车或发明其他更快速便捷的交通工具缩短区域间的出行时间，这就可以在一定程度上降低房屋与其周围的生活、就业、医疗资源的捆绑程度。因为这意味着我们不需要在城市中心区域买房，也可以在快速交通的帮助下享受中心城区的众多资源。想象一下，不考虑学位资源的因素，如果有一种高速交通工具可以实现在10分钟内从北京郊区到达北京中心城区，那么，很多上班的白领甚至金领需要在北京中心城区买房吗？用同样的价格，他们完全可以在郊区买到更舒适、更大的房子，而照样享受中心城区的各种资源收益，房屋已经大大降低了其与周围众多资源的捆绑程度。再极端一点，如果不再有交通时间的限制，也即无论你住在这个城市的哪个区域，都能立刻享受到同样的生活、就业、医疗、教育资源，那么整个城市各区域的房价将由房子的居住功能决定，哪里住得舒服，哪里的房屋质量好，哪里的房价就会更高。这样，很自然地，离开了各种城市资源的捆绑，中心城区的很多高价房将立马下降。

第二，对于一些可以直接实行与房屋分离的城市资源，采取措施取消捆绑政策。在现实中，影响城市房价最大的就是教育学位资源，公办学位与房屋捆绑销售，导致了诸多天价房的出现。那么，教育学位资源是否可

以不跟房屋捆绑在一起销售呢？表面上来看，目前学位与房屋捆绑销售的理由是，小孩需要就近入学，可以方便家长接送及减少交通意外危险，然而，细想之后，这个理由并不成立，因为就近入学完全可以通过暂时租房来实现，并不一定需要购房。比如，如果只要住在文昌胡同附近的，无论是租房或购房，都可以选择入读北京著名的实验二小，那么，相信很多人都会到附近租房住，而不是购买那些无法居住的破旧平房。另外，很多民办小学招生并没有对招生对象作有邻近居住地的要求，也直接否定了这个理由。实际上，学位之所以要与房屋捆绑销售，是缘于九年义务教育是免费的，要对免费却有巨大质量差异的教育资源要进行分配，必须要有分配准则。捆绑销售其实是为了推行价格分配的准则，谁能付得起高的房价，谁就能享有好的学位资源。这里我们要探讨两个问题。一是，除了价格，是否有其他更好的分配准则，可以公平分配不同质量的学位资源？价格分配准则最引起非议的地方就是，越有钱的人越能买得起高价学位房，也就得到越好的教育资源，对穷人造成不公平。现实中其实还存在另一种分配准则，它能更好地给穷人机会，那就是分数准则。目前我国的高中、大学阶段就是以分数为准则来决定学生就读哪个学校，以前的初中阶段也是以分数为准则来决定，谁的分数高，谁就可以入读更好的学校。至于小学阶段，实际上也是可以采用分数为准则，类似于当前众多优质民办小学的做法，直接由学校以面谈、游戏的方式出题考察选拔学生。然而，以分数为分配准则也会受到争议，特别是在小学阶段，为什么学习差的小孩就要读差的学校？过早地拼分数是否会不利于小孩的素质教育？到底哪种分配准则比较好，这是涉及价值观的问题，经济学并无法回答，但如果政府和民众觉得房价太高，那么，将学位由价格分配准则转变为分数分配准则，则会相当于直接解除了房屋与学位的捆绑销售，很多学位房的价格一定会大幅下降。二是，既然捆绑销售是为了实施学位的价格分配准则，那么是否可以直接将学位明码标价进行分配，也即好的学校收高价学费，而不需要与房屋捆绑销售？理论上是可以的，就像民办小学一样，越是优质的民办小学，所收的学费就越高。但在现实中不可行，因为九年义务教育是免费的，如果公办学校

直接收学费，不就与《中华人民共和国义务教育法》中关于义务教育的公益性、统一性和义务性相背离了吗？虽然房屋与学位捆绑销售实质上也相当于好的学校收了高价学费，只是学费变为了房价，但这毕竟不是直接体现出来，不违反教育法。因此，只能采用变通的做法。一个可行的方案是，对于特别优质的教育资源，仍然实行价格分配准则，允许直接按市场价格收学费，不再与房屋捆绑销售，而对于大部分普惠性的教育资源，则实行免费甚至补贴政策。因为特别优质的教育资源本来就不应该是普惠性质的，国家和地方政府的财力也不可能做到让每个人都免费享受最优质的教育资源，保证每个人都有机会接受基本的义务教育才是政府的责任。要做到这一点，政府需要对当前的教育财政拨款进行重新分配，不再区分民办和公办，而是按照招生人数（本市户籍适龄儿童）给予学校财政拨款，增加学校间争夺生源的市场竞争。如果把政府给每个生源的财政拨款视作学费补贴，那么这个财政拨款的标准应该等于在市场竞争下形成的中等或中等偏上水平（视财政预算情况）学校所收的学费。这样，对广大学生来说，最终会形成上等教育资源要收学费、中等或中等偏上教育资源完全免费、下等教育资源则享受学校补贴的局面。另外，此政策实施所带来的学校间争夺生源的激烈竞争，还会在总体上大幅提升目前的教育资源质量。

第三章　房价上涨的动力：高校扩招与人口迁移集聚

一、问题的提出

2003 年下半年以来，我国房地产市场经历了螺旋上涨的“黄金十年”。据国家统计局城镇入户调查的口径计算，在 2003 年之后的 10 年间，我国城镇住宅价格年均涨幅约为 16.1%。而人口集聚程度更高的大中城市的房价上涨更快，首都北京的五道口华清嘉园 2003 年的房价约 6000 元 / 平方米，而到 2013 年已经涨到 60000 元 / 平方米以上，10 年间达到了 9 倍的涨幅（陈哲，2013）。在此期间，政府几乎利用了所有手段对房地产市场进行调控，甚至包括限购，但房价依然不断上涨。

与此同时，2003 年也是我国实施高校扩招政策后的第五个年头，众多当年扩招的大学生正好大批量毕业并就业。也就是从那时候开始，每年都有越来越多的高校毕业生迁移进大中城市就业、生活和居住。据统计局数据，2002 年的高校毕业生达到了 133.73 万人，比 2001 年增加 30 多万人，2003 年又上升到 187.7 万人，再增加 53.97 万人，一直到 2007 年，每年都保持 18% 以上的增长率，2013 年的高校应届毕业生人数已经达到 638.72 万人。从 2003 年到 2013 年，我国高校毕业生的数量也是呈螺旋上涨趋势，

10 年间增加了 5 倍多。

房价上涨和高校扩招后的毕业大学生增加，这两个看似毫不相关的现象，居然在几乎同一时间段发生了，是碰巧还是有什么内在联系？根据北京大学教育经济研究所 2013 年对全国高校毕业生就业状况进行问卷调查的数据，当年有 52.6% 的高校毕业生流入省会城市或直辖市工作，有 33.4% 流入地级市工作，只有 11.2%、2.2% 和 0.5% 流入县城、乡镇和农村工作。也即来源于全国各地城镇和农村的众多高校大学生，毕业后却集中向一些大中城市迁移，而高校扩招使得这种迁移变得越来越成规模。从需求的角度看，这么大规模的高素质人口迁移对城市房价的影响将是巨大的。特意说明的是，高校扩招引起的这种人口迁移，在本书中我们称为大学生人口迁移，指的是来自全国各地的大学生从高校毕业后集中流入一些大中城市就业和生活的迁移，而我们把这些高校毕业大学生统称为迁移大学生。

二、理论述评

房价上涨历来都是政府、企业、民众、学者最关心的问题，在既有文献中，关于近年来我国房价大幅上涨的原因，最常见及主流的看法有四种，包括货币超发论、人口城市化论、收入增长论和土地供给紧张论，前三者是从需求角度看，第四种观点是从供给角度看。

（一）货币超发论

大部分学者认为，货币超发是推动我国房价上涨的最重要的因素（许小年，2009；马光远，2013；谢国忠，2014；黄宙辉，2014）。货币的增长量超出了实体经济需要，多余的钱将转化为居民的收入、企业的盈利，而且银行贷款更容易了，于是购房需求上升，地价、房价加速上涨。货币超发对购房需求的影响还有另一渠道，那就是通货膨胀预期，人们为了防止储蓄贬值，纷纷减少现金和活期存款的持有量，增加购买实物资产，在

目前投资渠道有限的情况下，我国居民能买到的实物资产除了黄金，就是房子，于是房屋需求上涨。徐忠、张雪春、邹传伟（2012）利用中国2005—2011年的数据实证分析发现，货币流动性对房价和通货膨胀影响显著，负利率推升了房价的上涨，货币政策的价格型工具对抑制房价有作用。然而，为什么在我国广义货币供应量M2余额同比增长28.5%，达到1996年5月份以来最高水平的2009年上半年，全国70个大中城市房屋销售价格指数显示房价却连续5个月同比下跌？[①] 另外，货币超发是全国性的，为什么房价快速上涨却是在人口集聚程度更高的大中城市更为明显？这是货币超发论无法解释的。

（二）人口城市化论

有部分学者认为，我国正处于高速城市化阶段，城市外来人口的增长推动了房价快速上涨（岑科，2007；任志强，2010；陆铭，欧海军，陈斌开，2014）。目前我国城镇人口占总人口的比例仅为50%左右，比发达国家80%左右的稳态城镇化水平低得多，每年仍以平均1.26%的速度增长，这使得我国城市的人口增长率非常高，城市每年都面临大量新增人口带来的新增住房需求，房价自然就不断上涨。特别是在一些外来人口（移民）占比更高的一线城市，房价上涨的幅度更高，据经验统计，2000年外来人口占比每多出10个百分点的城市，房价在2005年也会高出8.33%（陆铭，欧海军，陈斌开，2014）。然而，为什么在1990年至2003年，特别是1998年住房货币化改革后的1999年至2003年，同样是我国人口城镇化发展非常快、城市人口增长迅猛的阶段，我国城市房价却并没有出现大幅上涨，而是从2004年开始才加速上涨？这是人口城市化论无法解释的。

（三）收入增加论

还有部分学者认为，居民收入增加是推动房价上涨的首要原因（曾康

---

① 数据来源于国家统计局网站和中国统计年鉴，文中其他没有特别标明的数据也来源于此.

霖，吕晖蓉，2011；张亚丽，梁云芳等，2011）。改革开放以来，我国居民收入大幅度增加，城镇居民家庭人均可支配收入年均增长率达到10%左右，这大大增加了城镇居民的购房能力。与此同时，1998年后在住房制度改革的推动下，城镇居民的住房有效需求得以释放，房价因此随着居民收入的增长而出现快速上涨。高波、王文莉、李祥等（2013）运用2000—2010年中国35个大中城市的面板数据做实证检验发现，在所有的影响因素中，居民人均可支配收入的变化对城市房价租金比变动的影响力最大。然而，为什么我国城市房价的大幅上涨是出现在2004年以后，而城镇居民收入却是从住房制度改革的1998年以来一直保持高增长？另外，为什么很多大中城市的房价上涨幅度远远超过了当地城镇居民收入增长幅度？如北京近十年的房价上涨了9倍，城镇居民家庭人均可支配收入却只增长了不到2倍。这是收入增加论无法解释的。

（四）土地供应紧张论

另有部分学者认为，城市土地供应紧张引起了房价上涨（马文婷，2011；李臣，2013；高荆民，何芳，2007）。在我国现行政策下，“18亿亩”农地的红线使得土地供应已被封顶，城市可开发的土地将越来越少，而人却越来越多，土地越来越成为稀缺资源，这决定了房地产长期供给下降，直接导致房价不断上涨，土地供应制度对房价的影响是不容忽视和无可推卸的（白忠菊，杨庆媛，2012）。然而，我们从中国统计年鉴的数据却看到，近十几年来（2001—2013年）全国房地产开发企业新开工房屋面积是逐年上升的，年均增长率达到16%左右，这就是说房屋的供给在十年内是不断增加的，如果没有相应需求的大幅增加，以致大大超出供给，房价不可能出现快速上涨。中国国务院总理李克强2015年在瑞士达沃斯出席与世界经济论坛国际工商理事会代表对话会时也表示，中国房地产市场的刚性需求是长期的（穆淼，2015）。因此，房价上涨的根本原因还得从需求方面探析。

总体来说，我们并不否定货币超发、人口城镇化、收入增长、土地供应等因素对我国城市房价上涨形成了较大影响，但从上文中所提出的疑问来看，我们认为除了上述因素之外，还有更重要、更核心的因素推动着房价上涨，这就是高校扩招背景下的大学生人口迁移，正是这个越来越庞大的迁移群体构成了近十年来我国各大中城市住房的强大购买力。当然，国外关于人口迁移与房价关系研究的文献也有很多，如 Saiz（2007）基于美国移民和住房市场数据分析，发现相当于本地人口 1% 的移民迁入城市会导致城市的房屋租金和房屋价格上涨 1%；Degen 和 Fischer（2010）使用瑞士 85 个地区 2001—2006 年的移民和房价数据研究发现，相当于本地人口 1% 的移民到来推动了本地房价上涨 2.7%；Gonzalez 和 Ortega（2013）基于西班牙 2000—2010 年的地区移民和房价数据研究发现，移民使得地区劳动力人口每年增长 1.5%，这推动房价每年上升 2%。然而，基于中国高校扩招背景的大学生人口迁移是一个更为特殊的现象，它在迁移时间、规模、人口特征上都与一般的地区人口迁移有显著区别，其对中国房价的解释力也更强。因此，本书将基于中国高校扩招特殊背景的大学生人口迁移这个新视角对中国近十年房价大幅上涨的机理进行深入分析，并采用全国 35 个大中城市的面板数据对所提出的命题进行检验。

三、影响机制分析

在房屋供给不减少的情况下，一个城市房价上涨的主要推动力来源于人口的新增住房需求（亦即以自住为首要条件的刚性需求——“刚需”）和投资性需求。其中，“刚需”又是最核心的内在推动力，因为投资性需求往往来源于人们预期房屋未来有较大的升值空间，而这个升值空间是要靠真正的“刚需”去支撑的，没有“刚需”在未来推动房价继续上涨，就不会有派生的投资性需求。例如，2010 年在北京一些热点地区如通州、望京等地，由于预期房价下跌，在这几个区域投资者大幅度减少；又如长沙、成都等二线城市的房价一直保持在较低水平，按道理来说是个价格洼地，但由于这些城市的人口集聚程度低，刚性需求少，没有炒作的

基础，并没有吸引很多投资客把价格炒上去。那么，城市住房的“刚需”又来源于哪里？在原有城市居民都基本有住房的情况下，新的“刚需”主要来源于城市的新迁移人口。在所有新迁移人口之中，有较高购买力且自由迁移能力强的一个群体是高校毕业大学生。这个群体广泛来源于全国各地的城镇和农村，他们毕业后却集中向一些大城市迁移，其中，有些大学生原本就来自于大城市，但他们毕业后也面临着搬离自己父母的住房、独立买房的问题。因此，我们把高校毕业大学生都统称为迁移大学生。

（一）迁移大学生的特征决定了他们会成为“刚需”的来源

与 20 世纪 90 年代人口迁移的主力——老一代农民工不同，有几个显著特点决定了新生代的迁移大学生会成为城市房屋“刚需”的来源。

一是高学历。在绝大多数老一代农民工由于政策限制根本无法落户在所工作城市的情况下，高学历赋予了高校毕业生自由向大中城市迁移并落户生活的通行证。像广州、深圳等一线城市都明确规定了本科及以上学历人员可以直接通过人才引进的方式落户当地，如《广州市引进人才入户管理办法》规定，具有普通高等教育本科以上学历并有学士以上学位，或具有经教育部认证的国（境）外学士以上学位，或具有本科以上学历且具有相关专业中级以上专业技术资格或执业资格等的人员均可落户广州。再加上很多政府机关、事业单位、国企招聘高校毕业生时都有入户指标，就连全国最难解决户口问题的北京市每年都给高校应届毕业生 1 万个左右的入户指标（张斌，2013）。目前，在我国户籍还附带着教育、医疗等福利资源的背景下，落户是在一个城市生活的初级门槛，如果没办法落户，很多迁移人口可能根本就不会长期停留在这个城市生活，更不会购房，而是选择赚够钱后回老家，就像老一代的农民工一样。因此，高学历给予了迁移大学生在城市购房生活的通行证。

二是高购买力。这个高购买力来源于两方面，一方面，迁移大学生本身具有较高的人力资本，发展潜力和空间大，主要从事脑力活动，特别如金融、证券、信息技术、新能源等行业，还有机关事业单位、大型国企等单位，平均工资待遇水平要远高于老一代农民工；另一方面，2000年以来的迁移大学生大多数是80后、90后，属于我国计划生育制度实施后的一代人，很多是独生子女或者两孩家庭中的一个，年轻人结婚后双方父母很多都会把自己大半生的积蓄用来资助子女买房，这无疑增加了迁移大学生的购买力。而像过去五六个小孩的家庭，除了特别有钱的家庭，否则父母根本没办法帮助那么多小孩买房。

三是追求高品质生活。与上一代迁移者只把大中城市作为一个赚钱的地方，赚够钱后回家生活的想法相比，新生代的迁移大学生由于文化水平更高、思想更开放，他们工作已经不仅仅局限于谋生，而是要追求更高品质、更体面的生活，渴望融入城市。他们更喜欢大城市多样化的就业机会、便捷的生活设施、浓厚的文化氛围、良好的卫生医疗条件等，工作赚钱后不是想着回家，而是要在城市购房，想长期生活在更繁华的大城市。

四是来源更广泛。与上一代迁移者主要以农民工为主不同，新生代迁移大学生的来源更加广泛，除了一些本来就来自于大城市的大学生，其他的一部分大学生来源于中小城镇，一部分大学生来源于农村，不同的来源一方面增加了迁移大学生的数量，另一方面在我国父母普遍资助子女买房的背景下，也提高了迁移大学生的购买力（城镇父母的资助力度普遍大于农村父母）。

（二）高校扩招使得大学生迅速成为城市迁移人口的主力

迁移大学生是城市房屋“刚需”的来源之一，但高校扩招政策的实施使得他们在近十年内迅速演变成为城市迁移人口的主力。

1998年11月，在亚洲金融危机使得我国经济增速放缓、国内需求疲软的情况下，经济学家汤敏向中央提交了一份建议书《关于启动中国经济有效途径——扩大招生量一倍》，这份建议书很快被中央决策层采纳，教育部于当年12月24日制定出台了《面向21世纪教育振兴行动计

划》，明确提出未来要扩大高等教育规模，2010年高等教育入学率要达到15%。国际上通常认为，高等教育毛入学率在15%以下时属于精英教育阶段，15%～50%为高等教育大众化阶段（沈蒙和，2011）。教育部计划在2010年实现我国高等教育大众化的目标，但接下来高校扩招的步伐实际上远远超出了其目标。

在1998年政策出台之前，我国高校扩招年均增长率都只在8.5%左右，1999年至2004年，高校每年扩招幅度都超过17%，特别是1999年和2000年，分别达到42.86%和42.46%，2005年起的随后几年，虽然扩招增速下降，但由于基数扩大了，扩招的绝对数仍然很大（如图3-1所示）。这使得我国高等教育毛入学率快速上升，2002年就达到15%，提前实现了教育部的目标，2010年毛入学率达到26.5%，2012年达到30%，差不多超出目标的一倍。

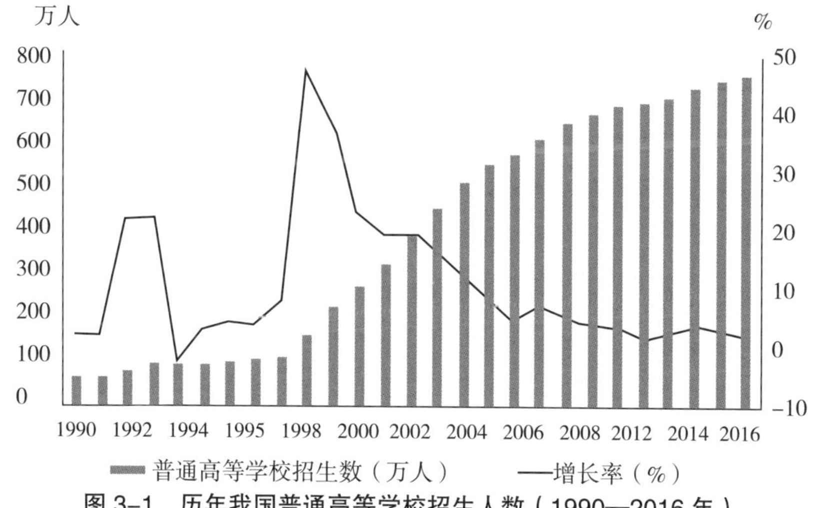

图3-1 历年我国普通高等学校招生人数（1990—2016年）

高校扩招的一个直接结果就是，每年都有越来越多的高校毕业生迁移进大中城市就业、生活和居住。如图3-2所示，在2002年以前（除1995年），我国的普通高等学校毕业生增长率维持在较低水平，但自2002年起，毕业生数量出现了井喷式增长，2002年的增长率就达到29.05%，2003年更是达到惊人的40.36%，2004年至2008年一直保持了双位数的高增长，2009年以后增长率虽然下降，但由于基数越来越大，毕业生的绝对数仍然

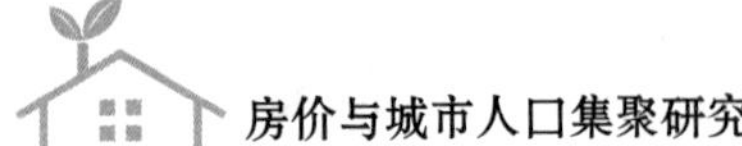

很大。从 2001 年到 2016 年，我国的普通高等学校毕业生人数累计增长了 579.51%，达到 704.18 万人。

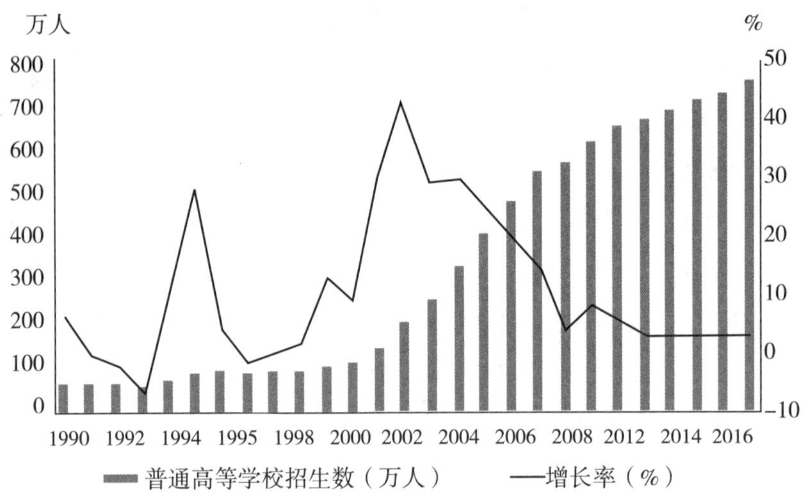

图 3–2　历年我国普通高等学校毕业生人数（1990—2016 年）

随着大量高校毕业生往大中城市迁移，城市每年迁移人口的主要来源逐渐演变为迁移大学生。例如，按照人口普查数据，2000—2010 年间广州每年平均新增常住人口约 27 万，年均人口自然增长数为 3 万，年均迁出人口为 16 万（假设非户籍人口的迁出是户籍人口迁出量的 3 倍），则广州每年增加的新迁入人口应该为 40 万左右。而根据《2011 年广东就业报告暨 2012 届大学生就业指南》中所估计的结果，2011 年广州新增本地及外地的高校毕业生就业人数为 25 万（刘潇，2011），这意味着高校毕业生当年迁入量差不多占到广州当年总迁入人口的 62.5%。

（三）众多“刚需”的迁移大学生逐渐成为影响城市房价的决定性因素

具有很大“刚需”潜力的迁移大学生在城市每年总迁移人口中比例的提高，使得其逐渐成为影响城市房价的决定性因素。在我国大中城市的所有迁入人口中，大学生不仅所占的比例大，而且不同于其他迁移人口（如初高中毕业的农民工），是真正具有“刚需”的庞大群体。我们观察近十几年来中国城市房价

上涨的趋势可以发现，房价上涨与高校毕业生数量的增加呈现很大的相关性。

我国城市房价是由2003年下半年开始启动上涨，2004年开始加速上涨，而这期间恰好是高校扩招后第一批高校毕业生就业的高峰，工作一两年后他们有了一定积蓄，再加上家里父母的支持，逐渐有了购房能力，开始从需求上影响房价。2004年后的10年时间是高校毕业生不断增多、购买能力不断增强的阶段，因此我们看到的结果就是房价不断大幅上涨，虽然中间有政府的多次干预调控以及金融危机的影响，但房价始终顽强向上，一段时间的打压必然伴随着下一轮的反弹暴涨。这是因为政府出台的调控措施，如提升二套房首付、提高二套房贷款利率、限制购买第三套房、减少高端房供应、征收全额营业税、征收个人所得税等，只是针对投资性需求有效，并不影响“刚需”。不断涌入大中城市工作生活的高校毕业生带来的“刚需”始终支撑着房价。2013年下半年以来，全国大中城市房价出现了一定程度的调整，这很大程度上是因为我国金融信贷政策收紧使得房贷利率大幅度提高，对主要以贷款买房为主的迁移大学生“刚需”造成了负面影响。[①]

由此，我们提出本书的核心命题：高校扩招背景下的大学生人口迁移是影响我国城市房价上涨的最重要的因素。

四、数据与模型

为了检验大学生迁移对房价的影响，本书选取大学毕业生迁入量最多、房价上涨最快的全国35个大中城市，包括北京、天津、石家庄、太原、呼和浩特、沈阳、大连、长春、哈尔滨、上海、南京、杭州、宁波、合肥、福州、厦门、南昌、济南、青岛、郑州、武汉、长沙、广州、深圳、南宁、

① 根据国家统计局发布的2014年7月份全国70个大中城市房价变动情况表明，放开限购对市场提振的效果不太理想，房价下跌的城市扩大到64个，北京、上海、广州、深圳4个一线城市也首次出现房价全面下跌的情况。并且，房地产业内已经形成一个共识，2014年的市场压力主要来自信贷紧缩政策误伤“刚需”和改善型需求，放开限购已经不足以救市，能否放开限贷政策才是关键（刘丽琴、李凤荷、王雯倩：《利率现优惠放款速度快 楼市真回暖还靠房贷松绑》，《广州日报》2014年9月12日）.

海口、重庆、成都、贵阳、昆明、西安、兰州、西宁、银川、乌鲁木齐等作为研究对象，数据范围为高校扩招及住房制度改革后的 2001—2011 年。除了主要考察大学生迁移与房价的关系，我们把影响房价的主要变量如工资收入、信贷量、人口密度等也纳入实证模型加以考虑，相关变量的具体设定如下：

（一）因变量

房价（*hpri*）是我们所要考虑的因变量，本书选择 35 个大中城市 2001—2011 年的住宅平均销售价格（单位：千元 / 平方米）来反映房价，数据来源于历年《中国房地产统计年鉴》中的《35 个大中城市房地产开发主要指标完成情况》。

（二）自变量

我们认为高校毕业生迁入量（*coll*）是影响房价的最关键因素。由于官方统计中并没有这个指标数据，因此我们采取了合理的估算方法去获得数据。

自 2003 年起，北京大学教育经济研究所每两年都要对全国高校毕业生就业状况进行问卷调查，2013 年 6 月他们进行了第六次大规模问卷调查。本次调查的样本包括我国东、中、西部地区 21 个省份的 30 所高校，东部地区包括北京、天津、河北、辽宁、江苏、浙江、山东、广东和海南等 9 个省份的 11 所高校；中部地区包括吉林、黑龙江、安徽、江西、河南和湖北等 6 个省份的 7 所高校；西部地区包括重庆、四川、云南、陕西、甘肃和宁夏等 6 个省份的 12 所高校。其中“985”重点高校 5 所、“211”重点高校 4 所、一般本科院校 9 所、高职院校 7 所、民办高校 2 所、独立学院 3 所。每所高校根据毕业生学科和学历层次按一定比例发放 500—1000 份问卷。调查共回收有效问卷 15060 份。在有效样本中，专科毕业生占 22.4%，本科毕业生占 68.0%，硕士毕业生占 9.2%，博士毕业生占 0.4%；男、女毕业生比例分别为 52.7% 和 47.3%。“985”重点高校学生占 19.9%，

“211”重点高校学生占 9.4%，一般本科院校学生占 28.9%，高职院校学生占 28.1%，民办高校学生占 7.7%，独立学院学生占 6.0%。这次问卷调查结果显示，2013 年在 31 个省会城市或直辖市工作的毕业生占总高校毕业生的 52.6%。而本书选择的 35 个大中城市样本是包括了其中 30 个省会城市或直辖市（除了拉萨市），还包括大连、深圳、青岛、宁波、厦门等 5 个副省级城市。按照经济规模来算，5 个副省级城市的 GDP 总值占到 31 个省会城市或直辖市 GDP 总值的 21%，因此，粗略估算，到 35 个大中城市就业的毕业生大概占到总高校毕业生的 63.65%。

接下来，63.65% 的高校毕业生怎么在所流向的 35 个大中城市中进行分配？考虑到一个地区吸引就业的人数与它的经济规模有直接关系，如北京、上海等城市的 GDP 规模大，相应地其每年高校毕业生的迁入量也会多，因此本书假设 35 个大中城市每年高校毕业生的迁入量份额等于其 GDP 在 35 个大中城市中所占的份额，即 i 城市的高校毕业生迁入量占全国高校毕业生总数的比例 =63.65%*i 城市的 GDP/35 个大中城市 GDP 总和。按照这个公式所推算出来的结果，2013 年在京津沪地区工作的当年高校毕业生占全国高校毕业生总数的比例为 13.9%，这与北京大学教育经济研究所的调查结果 12.8% 相差不大。另外，按照这个公式所推算出来的结果，2011 年在广州工作的当年高校毕业生为 25.69 万人，这与《2011 年广东就业报告暨 2012 届大学生就业指南》中所估计的结果 25 万人相差不大。因此，本书将按照这种方法去估算每年 35 个大中城市的高校毕业生迁入量，公式为：第 t 年 i 城市的高校毕业生迁入量 = 全国高校毕业生人数 *63.65%* 第 t 年 i 城市的 GDP/ 第 t 年 35 个大中城市 GDP 总和。全国高校毕业生数据来源于《中国统计年鉴》，单位为“万人”。

（三）控制变量

工资收入、信贷量、人口密度等三个变量对房价有重要影响，我们把它们作为控制变量来考虑，三者都来源于历年的《中国城市统计年鉴》。

1. 工资收入（*incom*）

我们以城市职工的年平均工资指标来衡量一个城市居民收入的高低，它主要影响城市居民的住房购买力，职工年平均工资越高，其对房屋的购买力就越强，从而越容易形成高房价。职工年平均工资的单位为万元，是名义值。

2. 信贷量（*cred*）

信贷量从两方面影响城市房价，一是信贷属于货币扩张的一种途径，越大的信贷量，表明现实中流通的货币总量 M2 越大，越容易形成高物价水平，从而引起房价上涨（徐忠，张雪春，邹传伟，2012）；二是信贷款中有很大一部分流入了房地产市场，据统计，中资商业银行房地产贷款余额占各项贷款余额的比重为 32.2%，这表明一个城市的信贷总量越大，其流入房地产市场的资金量就越大，也越容易推动房价上涨（李健，邓瑛，2011）。我们以各城市年末金融机构各项贷款余额（单位：千亿元）来衡量信贷量，年信贷量越大，预期会使房价上涨更快。

3. 人口密度（*peop*）

人口越多的城市，对住房的需求就越大，也越容易推动房价上涨（李超、匡耀求，2013）。我们以各城市每平方公里的人口数（单位：百人/平方公里）来衡量人口密度，人口密度越大，预期会使房价上涨得更快。

表 3-1　相关变量的描述性统计

	房价（*hpri*）	高校毕业生迁入量（*coll*）	工资收入（*incom*）	信贷量（*cred*）	人口密度（*peop*）
Mean	4.196963	6.284244	2.676325	4.347730	6.169212
Median	3.266000	4.140054	2.468799	2.549367	5.786800
Maximum	21.03700	36.74307	7.703127	37.19679	22.38740
Minimum	1.133000	0.168100	0.952326	0.190918	1.230000
Std. Dev.	2.983802	6.481357	1.254801	5.258173	3.802502
Skewness	2.232774	2.190286	0.930549	3.034493	1.834066
Kurtosis	9.202239	8.631167	3.894059	14.74657	8.436371
Jarque-Bera	936.9759	816.5120	68.38602	2804.315	689.9414
Probability	0.000000	0.000000	0.000000	0.000000	0.000000

续表

	房价（*hpri*）	高校毕业生迁入量（*coll*）	工资收入（*incom*）	信贷量（*cred*）	人口密度（*peop*）
Sum	1615.831	2419.434	1030.385	1673.876	2375.147
Sum Sq. Dev.	3418.781	16131.07	604.6174	10616.98	5552.263
Observations	385	385	385	385	385
Cross sections	35	35	35	35	35

为了消除数据的异方差问题，且使经济变量具有弹性的含义，我们对各变量数据取对数。这样，根据以上变量的设定，我们形成的最终回归模型如下：

$$Lnhpri_{i,t}=c+\beta_1 Lncoll_{i,t}+\beta_2 Lnincom_{i,t}+\beta_3 Lncred_{i,t}+\beta_4 Lnpeop_{i,t}t+\varepsilon t \quad （式3-1）$$

其中，c 是常数项，$Lnhpri_{i,t}$、$Lncoll_{i,t}$、$Lnincom_{i,t}$、$Lncred_{i,t}$、$Lnpeop_{i,t}$ 分别是房价、高校毕业生迁入量、工资收入、信贷量、人口密度等五个变量取对数的形式，β_1、β_2、β_3、β_4 分别是回归系数，εt 为随机项。

五、实证结果分析

根据式 3–1，我们采用面板数据进行回归得到模型 1 的估计结果（如表 3–1 所示）。然而，检验结果显示，我们认为影响房价的最关键因素——高校毕业生迁入量（*Lncoll*）并没有通过显著性检验，也即城市当年的高校毕业生迁入量对于其房价（*Lnhpri*）不存在显著影响。考虑到高校毕业生迁移进一个城市工作和生活后，需要一定年限的财富积累才有实力购房，我们尝试将高校毕业生迁入量（*Lncoll*）变量滞后几期再看看结果。模型 2 至模型 6 分别以变量 *Lncoll* 滞后 1 到 5 期作为自变量，控制变量不变。如表 3–2 所示，我们发现，*Lncoll* 滞后 1 到 5 期分别都在回归模型中通过了 1% 水平下的显著性检验，且系数都为正，这表明大学生毕业 1 年后才开始逐渐出现较多买房的现象，对城市房价产生显著正向影响。那么，大学生毕业几年后对当地的房价影响最大？我们观察模型 2 至模型 6 中 *Lncoll* 的回归系数发现，从滞后 1 期开始到滞后 5 期，回归系数表现为先由滞后 1 期到 3 期逐渐变大再到滞后 4 期、5 期逐渐缩小的过程，其中，滞后 3 期的回归系数最大，达到 0.373，滞后 1 期的回归系数最小，为 0.125。这表明，大学

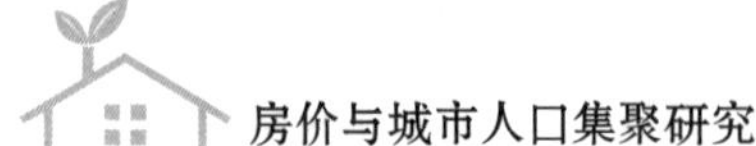

生毕业后第3到第4年对城市当地的房价影响最大，出现最多买房的现象。[①]

相对于发达国家的年轻人来说，实证结果显示的国内大学生毕业后买房的时间是比较早的。根据美国劳工统计局最新调查报告，在美国52%的首次购房者年龄在31岁，而美国人平均21岁工作，26岁结婚。也就是说，超过一半的美国人选择在工作10年、结婚5年以后才买房子，而德国人首次购房的平均年龄是42岁，比利人则是35岁（邢力，2010）。这种现象可能跟中国的传统文化与特殊的制度环境有关。中国自古就有“成家立业”一说，而成家的前提条件是得有房子，有了房子才能娶老婆成家，这种观念深入人心。同时，在传统文化里中国的很多父母向来都把帮孩子买房看作理所当然的事情，在计划生育制度产生众多独生子女的背景下，经常就出现四个老人把自己大半生的积蓄用来供子女买房的现象。有了父母的大力资助，中国很多大学生刚毕业一两年就可以买房。

我们再分析其他控制变量对房价的影响。首先是工资收入（*Lnincom*）变量。如表3–2所示，模型7是没加进*Lncoll*自变量的回归结果，工资收入（*Lnincom*）在1%的显著水平下正向影响当期房价，即越是工资收入高的城市，其房价越高，这符合我们的预期。有意思的是，在模型1到模型6中，加进*Lncoll*自变量后，工资收入（*Lnincom*）仍然显著通过检验，但回归系数随着*Lncoll*变量回归系数的增大而变小。特别是在模型4中，*Lncoll*变量的回归系数达到0.373，而*Lnincom*变量的回归系数由模型7中的0.539变为0.073。这说明，高校毕业生迁入量是影响城市房价的一个重要变量，其对房价的影响份额超过了工资收入变量。其次是信贷量（*Lncred*）变量。如表1所示，在模型1至模型7中，信贷量（*Lncred*）都在1%的显著水平下正向影响房价（*Lnhpri*），即越是信贷量高的城市，其房价越高，

① 按理论来说，某年城市房价应该是受到当年、前1年、前2年、前3年等高校毕业生迁入量的影响，在一个回归模型的自变量中，应同时包含Lncoll变量的当期及各滞后期，但由于*Lncoll*自变量的当期及各滞后期间存在较高的相关性，因此这里某年房价只考虑受到一期高校毕业生迁入量的影响。当然，这样处理不会影响到高校毕业生迁入量（*Lncoll*）与房价（*Lnhpri*）间的相关关系分析及结论的可靠性 .

这符合我们的预期，表明货币因素对城市房价有重要影响。第三是人口密度（*Lnpeop*）变量。在没有 Lncoll 变量的模型 7 中，我们发现，人口密度（*Lnpeop*）在 1% 的显著水平下正向影响房价（*Lnhpri*）。在加进 *Lncoll* 变量后的模型 1、2、3、5 和 6 中，人口密度（*Lnpeop*）也在 1% 的显著水平通过了检验，但在 Lncoll 变量回归系数最大的模型 4 中，*Lnpeop* 却没通过显著性检验。我们对此的解释是，人口密度对房价的影响，代表的是各类在城市生活人口的总量对房价的影响，高校毕业生只是其中的一类人口，但又是重要的一类，其带来的住房需求在新增住房总需求中占了很大比重。因此，在模型 4 中，当高校毕业生迁入量对房价产生最大影响时，其也解释了总人口对房价的大部分影响，以致人口密度对房价的影响反而表现为不显著。

表 3–2　静态面板估计结果

变量	模型 1	模型 2	模型 3	模型 4	模型 5	模型 6	模型 7
C	–0.524*** （–2.68）	–0.480** （–2.36）	–0.067 （0.316）	0.364* （1.78）	0.301 （1.55）	0.075 （0.39）	–0.483** （–2.45）
$Lncoll_{i,t}$	0.002 （0.03）						
$Lncoll_{i,t-1}$		0.125*** （3.04）					
$Lncoll_{i,t-2}$			0.227*** （4.65）				
$Lncoll_{i,t-3}$				0.373*** （8.56）			
$Lncoll_{i,t-4}$					0.338*** （9.48）		
$Lncoll_{i,t-5}$						0.263*** （8.36）	
$Lnincom_{i,t}$	0.652*** （9.91）	0.537*** （7.30）	0.264*** （3.34）	0.073* （1.55）	0.143** （2.25）	0.289*** （5.02）	0.539*** （10.01）
$Lncred_{i,t}$	0.290*** （7.80）	0.250*** （6.68）	0.203*** （5.70）	0.191*** （5.86）	0.210*** （6.65）	0.215*** （6.67）	0.251*** （7.15）
$Lnpeop_{i,t}$	0.667*** （5.35）	0.620*** （4.81）	0.288** （2.19）	0.200 （1.61）	0.242** （2.04）	0.353*** （2.98）	0.621*** （4.98）
Adj_R^2	0.938	0.936	0.940	0.949	0.949	0.947	0.936
F	153.49	149.56	159.48	187.247	190.74	181.61	154.05

注：括号里的数字表示 t 统计值，*、**、*** 分别表示 10%、5%、1% 显著性水平（下同）。根据 Hausman Test 的结果，各模型都采用固定效应模型（Fixed model）进行估计。

自变量 $Lncoll_{i,t}$ 采用的是 2001 至 2011 年的数据，$Lncoll_{i,t-1}$ 采用的是 2000 至 2010 年的数据，以此类推，其他控制变量采用的都是 2001 至 2011 年的数据。

由于房价上涨存在惯性问题以及住房具有一定的投资品性质（存在追涨杀跌的投资行为），城市上一期房价（$hprice_{i,t-1}$）的高低会对当期房价产生影响（况伟大，2010）。因此，为了使得回归结果更加稳健，我们再把城市上期房价（$hprice_{i,t-1}$）纳入回归模型中，采用动态面板方法对方程进行回归，看看结果是否有变化。如表 3-3 所示，模型 1 至模型 7 采用 J 统计量进行的 sargan 检验结果都没有拒绝模型过度约束正确的原假设，这表明动态面板数据的 GMM 估计结果是可以接受的。首先看上一期房价（$hprice_{i,t-1}$）变量。在模型 1 至模型 7 中，$hprice_{i,t-1}$ 都在 1% 的显著水平下正向影响当期房价（$Lnhpri_{i,t}$），即城市上一期房价对当期房价的形成有正向作用，这符合我们的预期。其次是高校毕业生迁入量（*Lncoll*）变量。总体结果与静态面板回归的结果基本一致，*Lncoll* 滞后 1 到 5 期分别都在回归模型中通过了 1% 水平下的显著性检验，回归系数都为正，且表现为先由滞后 1 期到 3 期逐渐变大再到滞后 4 期、5 期逐渐缩小的过程，滞后 3 期的回归系数最大。第三是其他控制变量对房价的影响。与静态面板回归结果一样，工资收入（*Lnincom*）、信贷量（*Lncred*）、人口密度（*Lnpeop*）都对房价有显著正向影响，部分模型不显著的原因与静态面板回归中的原因也一致，如在 Lncoll 变量回归系数最大的模型 4 中，人口密度（*Lnpeop*）也没通过显著性检验。

表 3-3　动态面板回归结果

变量	模型 1	模型 2	模型 3	模型 4	模型 5	模型 6	模型 7
$Lncoll_{i,t-1}$	0.394*** （11.94）	0.323*** （11.19）	0.276*** （17.22）	0.232*** （7.32）	0.170*** （7.46）	0.339*** （11.93）	0.353*** （14.60）
$Lncoll_{i,t-2}$	0.013 （0.685）						
$Lncoll_{i,t-3}$		0.161*** （6.87）					
$Lncoll_{i,t-4}$			0.274*** （8.76）				
$Lncoll_{i,t-5}$				0.312*** （7.11）			

续表

变量	模型 1	模型 2	模型 3	模型 4	模型 5	模型 6	模型 7
$Lnincom_{i,t}$					0.232*** （9.55）		
$Lncredit_{i,t}$						0.101*** （8.13）	
$Lnpeop_{i,t}$	0.531*** （18.33）	0.277*** （14.92）	0.251*** （22.39）	0.016** （2.15）	0.184*** （3.78）	0.416*** （18.38）	0.318*** （7.31）
J-st	0.024* （1.71）	0.127*** （6.10）	0.101*** （8.95）	0.105*** （4.72）	0.080*** （4.74）	0.074** （2.44）	0.183*** （6.95）
P 值	0.736*** （4.02）	0.468** （2.50）	0.252*** （4.46）	0.216 （1.55）	0.173*** （6.14）	0.852*** （6.17）	0.576*** （8.43）
J-st	30.347	31.349	33.257	30.806	30.276	29.295	35.827
P 值	0.448	0.518	0.311	0.425	0.452	0.554	0.252

六、结论与进一步讨论

本章基于高校扩招背景下大学生人口迁移的新视角对房价上涨的机理进行分析，并采用全国 35 个大中城市的面板数据对命题进行了验证，结果表明，城市房价上涨的最主要推动力来源于迁移人口的新增住房需求，而随着高校扩招政策的实施，在所有迁移人口之中，高校毕业大学生成为了其中购买能力较高、人口最多、自由迁移能力和动力最强的一个群体。由于受购买力等因素限制，他们迁移城市后对房价的影响存在滞后性，1 年后才逐渐出现买房现象，对当地房价产生显著正向影响，毕业后第 3 年是买房高峰期，对当地房价产生最大影响，毕业后第 4 年、第 5 年对当地房价的影响开始有所缩小。本书也证实了反映居民收入的工资收入、反映货币因素的信贷量、反映人口增长的人口密度、反映投资性需求的上一期房价等变量对城市房价上涨具有正向影响。从本书的实证结果出发，我们可以进一步对我国房价问题进行一些深入探讨。

第一，货币供应量增加对房价的影响，需要结合大学生人口迁移因素看。2009 年上半年，在我国广义货币供应量 M2 余额同比增长 28.5%，达到 1996 年 5 月份以来最高水平的背景下，全国 70 个大中城市房屋销售价格指数显示着房价却是连续 5 个月同比下跌。实际上，这与迁移大学生对房价影响的滞后性有关。当出现突发事件（政府严厉调控或金融危机等）使得预期房价下跌，迁移大学生会延期购房。在金融危机后的 2009 年上半年，就算货币供应量大幅增加，这种延期购房也对房价产生了负面影响。同时，根据实证结果，迁移大学生购房延期最多也就集中在毕业后 3 到 5 年，他们普遍面临着成家立业的压力，因此，每次城市房价的下跌都只维持了 1 到 2 年，之后随着需求集中爆发而继续反弹上涨。

第二，房价快速上涨在人口集聚程度更高的大中城市更为明显。很多影响房价的因素带有全面性，如货币超发、收入增长等，但形成城市间房价上涨巨大差异的是大学生迁移量，大学生迁移量与房价呈显著正相关关系，越是大学生迁移多的城市，如北京、上海、深圳、广州等一线城市，房价越是涨得厉害。

第三，高校扩招引起的大量人口迁移自 2004 年起直接促成了我国城市房价的快速上涨。在 1990 年至 2003 年，特别是 1998 年住房货币化改革后的 1999 年至 2003 年，同样是我国人口城市化发展非常快、城镇居民收入快速增长的阶段，我国城市房价并没有出现大幅上涨。从人口迁移的角度来看，这是因为在 2003 年以前，我国城市人口迁移的主力是老一代农民工，受户籍迁移难、购买力不足、回老家观念突出等因素影响，他们很少在城市购房居住，而是赚够钱了回家建房，所以人口城市化对城市房价的影响并不是很大。在 2004 年以后，高校大学毕业生逐渐演变为城市迁移人口的主力，随着他们人口数量不断增多、购买能力不断增强，对房价的影响也不断扩大，结果房价出现大幅上涨。

第四，迁移大学生的强大购买能力促使很多大中城市的房价上涨幅度远远超过了当地城镇居民收入的增长幅度。在我国传统文化里，很多父母向来都把帮孩子买房看作理所当然的事情，特别是现在独生子女多，经常出现四个老人把自己大半生的积蓄用来资助子女买房的现象，这使得迁移大学生的购买力非常强，甚至超出了其自身的收入水平。同时，与一般的农民工不同，由于知识水平较高和收入具有稳定性，迁移大学生几乎都是

通过银行贷款买房，可以透支其未来的收入，并不会出现媒体流行的夸张说法“不吃不喝多少年才能在一线城市买一套房”。在此背景下，大量迁移大学生都在毕业几年后进行购房，这导致了大中城市的房价上涨幅度远超其居民收入的增长幅度。

第四章　城市资源与人口集聚：房价的中介与调节效应

一、问题的提出

我国仍处于高速的城镇化进程中，每年都有大量人口受城市众多资源的吸引而向城市迁移集聚。2016 年，国务院总理李克强主持召开国务院常务会议就强调，城镇化是中国发展最大的潜力所在，要部署深入推进以人为核心的新型城镇化，更大程度地释放内需潜力。然而，近年来随着国内城市房价的疯狂上涨，高房价与高速人口城镇化之间的矛盾开始突显。据国家统计局城镇入户调查的口径计算，自 2003 年之后的 10 年间，我国城镇住宅价格年均涨幅约为 16.1%，人口集聚程度更高的大中城市的房价则上涨得更快，像北京就涨了 9 倍（陈哲，2013）。在此背景下，中国经济实验研究院的调查报告显示，全国 35 个大中城市居民对包含房屋销售价格和房价收入比的生活成本满意度指数仅为 31.81，远低于 51.57 的平均值，部分人群有迁出高房价城市的倾向（丁栋，2014）。例如，近来传出深圳房价的飞速上涨使得许多人才离开深圳，甚至华为公司也在考虑外迁。与此同时，我们也看到，像北京如此高房价的城市，每年还有很多“北漂”人口不断流入。那么，高房价在提高城市居民生活成本的同时，是否会减缓我国的人口城镇化乃至人

口迁移集聚的进程？这是我们要研究的第一个问题。

毫无疑问，房价是影响地区间人口迁移集聚的一个关键因素，但人们从一个城市迁入另外一个城市，或者从农村地区迁入某个城市，真的是为了在那个城市拥有一套房子吗？答案显然不是的。他们之所以在地区间迁移，往往是为了获得更多的就业机会、更完善的生活设施、更好的卫生医疗条件、更高级的教育资源，等等（李超、张超，2015）。比如，现在众多高价的学位房，大家所争夺的可不仅仅是房子，还有更重要的是房子所绑架的教育学位资源。实际上，人们买房只是表面的行为，背后真实的目的是，要“买”在某个城市稳定生活并享有该城市众多资源的机会和权利，房价只是这些资源的价格。这样，其实房价背后涉及的是一系列的资源分配格局，包括就业、医疗卫生、教育、基础设施等。从这个角度来看，房价只是影响城市间人口迁移集聚的表面因素，深层次的是房价背后所代表的众多不同质量的资源，要研究城市房价对人口迁移集聚的影响，就不得不研究不同质量的资源在不同城市及区域的分配，也即“城市资源—房价—城市人口集聚”是怎样一种关系——这是我们要研究的第二个问题。

以上这些问题的回答及研究，对于我国进一步推进新型人口城镇化，调和高房价、资源分配不均与城市人口集聚之间的矛盾无疑具有重要意义。本书将以城市资源质量、房价及人口迁移集聚之间的关系为研究对象，探讨房价在城市资源与人口集聚间所起的中介与调节效应，并以全国35个大中城市的面板样本数据对此进行实证检验。具体来说，本书的贡献如下：第一，区别于直接将房价视作城市房屋价格的已有研究，本书检验说明房价代表的并不仅是城市房屋的价格，而是城市房屋及其周边众多资源的价格；第二，房价只是影响城市间人口迁移集聚的表面因素，深层次的是房价背后所代表的众多不同质量的资源，本书首次将城市资源质量纳入房价与人口迁移集聚关系的分析框架，为现有研究提供了更为深入的理论视角。第三，区别于直接检验城市房价与人口迁移集聚关系的回归分析，本书将房价作为中介与调节变量，实证检验其对城市资源与人口迁移集聚关系所产生的两种效应。

二、理论述评

地区人口迁移集聚一直是经济学、人口学甚至地理学研究的热门话题。对于影响地区间、城市间人口分布与迁移的因素，学界进行了许多有益的探索。一类观点偏向于认为自然环境决定了地区人口分布与迁移（柏中强，王卷乐，杨雅萍等，2015；王学义，曾永明，2013），如方瑜、欧阳志云等（2012）的实证分析表明，中国人口分布集聚现象显著，呈现出明显的正空间关联特征，人口密度与众多的自然因素有显著的相关关系。另一类观点则偏向于认为经济发展条件决定地区人口分布与迁移（尹虹潘，刘渝琳，2015；杜本峰，张耀军，2011）。如封志明、刘晓娜（2013）定量分析与评价了改革开放以来中国分县、分省、四大地区及全国不同时空尺度的人口分布与经济发展的空间一致性，发现人口集聚呈现显著的经济导向性。

除了以上两大因素，房价对城市间人口分布、迁移与集聚的影响也越来越受关注。在此类研究中，大多数学者认为房价对城市人口迁移集聚具有负向影响，高房价的城市会降低人口迁入的意愿，特别是劳动力在就业地点选择上会倾向于迁出高房价城市。高波、陈健、邹琳华（2012）利用动态面板数据模型对2000—2009年中国35个大中城市进行实证检验，结果发现区域间的房价差异导致了劳动力迁移流动，相对房价升高的城市在留住劳动力人口上处于劣势，导致相对就业人数减少。孙焱林、张攀红（2015）采用中国59个大中城市2000—2011年的面板数据对人口迁移、地方公共支出和房价三者之间的动态关系进行实证分析，发现房价冲击对地方公共支出和人口迁移具有负向影响。陈志强、徐明星（2015）利用2001—2012年中国省级面板数据对人口迁移、城镇化与房价三者之间的动态关系进行实证检验，结论显示，房价对城市人口迁移的影响总体为负，且存在区域差异，其中，中国中东部地区的影响为负，而西部地区的影响不明显。董昕（2016）采用原国家人口和计划生育委员会在2010年的全国流动人口动态监测中的3583个有效样本调查数据，实证分析发现，相对于收入水平而言，住房的销售价格已经进入抑制人口持久性迁移意愿的

阶段，而住房的租赁价格尚未进入抑制人口持久性迁移意愿的阶段。

也有少部分学者提供了相反的证据，发现高房价并没有构成人们向大城市迁移集聚的障碍，人口集聚的“城市化”大潮并未因高房价而中断。何一峰、付海京（2007）利用1998—2003年中国31个省市自治区的面板数据对影响人口迁移的因素进行实证研究发现，房价的地区差异对人口迁移决策产生了非常显著的影响，房价越高的地区，人口迁入率和人口迁出率都越低，但净人口迁入率越高，也即高房价导致的结果是外来人口照样进入，而本地人口不愿离开，因而人口变得更为集中。李超、张超（2015）采用全国35个大中城市数据进行实证的经验结果表明，高房价收入比对各大中城市的人口迁移集聚不但没构成负面影响，还由于其伴生的更多收益，如更完善的生活设施、更多的就业机会、更好的卫生医疗条件和文化环境等，更吸引人口向大城市集聚。

最新的研究成果则综合了以上两类学者的看法，认为房价对城市人口迁移集聚的影响既有正向的，也有负向的，会是一个先扬后抑的过程。邬思怡、张协奎、张练（2017）运用门限模型对全国69个大中城市房价与城市扩张的关系进行综合测度，分析不同房价收入比地区的房价波动对城市扩张的非线性影响机制，研究结果表明，房价波动对城市扩张的影响路径存在拐点，当房价处于低增长机制时，房价上涨对城市整体扩张有显著的促进作用，反之，其作用逐渐减弱甚至出现挤出效应。张莉、何晶等（2017）使用2012年和2014年中国劳动力动态调查数据（CLDS）和2000—2012年250个地级市的房价数据匹配出一个房价如何影响劳动力流动的微观数据库，发现房价对劳动力流动存在“倒U型”影响：一方面是由于房价作为备择城市的城市特征信号降低了预期未来收入的不确定性所带来的拉力，另一方面是房价作为居住成本压缩可支配收入所产生的阻力，两种作用最终对劳动力流动产生先吸引后抑制的倒U型影响。

综上所述，现有文献对房价与城市人口迁移集聚关系的研究已经比较充分。然而，有缺陷的是，这些研究都是就房价谈房价，直接回归分析两者间的关系，而背后的理论逻辑、房价代表的是什么以及人口迁移集聚的真正动力却没有深入涉及。要知道，人们之所以在地区或城市间迁移，往往是为了获得更多的就业机会、更完善的生活设施、更好的卫生医疗条件、更高级的教育资源，等等，买房只是他们的表面行为，背后真实的目的其实是要“买”在某个城市稳定生活并享有该城市众多资源的机会和权利，房价只是这些资源的价格。因此，如果不研究城市间的资源分配就直接分析房价对城市人口迁移集聚的影响，从理论逻辑上是无法讲通的，在实证上也会存在诸多缺陷。就好像我们买一个商品，不可能纯粹看它的价格就决定购买需求，而最关键的还是要看商品所能提供的总价值和收益。总体来说，已有文献并未能讲明房价如何调节了人口受城市资源吸引而迁移集聚的理论机制，背后相应的实证检验更是十分缺乏。

三、理论基础与假设

（一）城市资源质量与房价

在市场经济中，任何用于交换的资源都会有价格，但这个价格的高低并不决定于资源的实物本身，而取决于依附在资源上面的权利，权利的价值决定了这个资源的价值（德姆塞茨，1967）。比如，河边的一块土地拍卖，如果规定土地只有用于农业用途的权利，那么土地的价格不会很高；如果规定土地还有用于非农业用途的权利，那么土地的价格会上升；如果规定土地拥有者还被赋予了对整条河流的开发权利，那么土地的价格会直接飚升。科斯（1960）在其著名的《社会成本问题》一文中就提到：“我们会说某人拥有土地，并把它当作生产要素，但土地所有者实际上所拥有的是实施一定行为的权力。”作为一种资源，房屋也不例外，它的价格并不决定于房屋的实物本身，而取决于依附在房屋上面的权利，权利的价值决定了该房屋的价值。

房屋的实物建造成本在全国各地其实是相差不大的，房价之所以在不同城市甚至同一城市的不同区域、地段有如此大的区别，关键在于房屋背

后所代表的资源收益，包括就业资源、医疗卫生资源、教育资源、生活设施资源，等等。也就是说，买房不仅是买下了房屋的居住权利，还“买”下了享有该区域丰富的就业资源、良好的医疗卫生资源、高质量的教育资源以及便利的生活设施资源等的权利，房价实际上是一系列资源权利的价格，包括了在某个城市稳定居住的权利以及获得该城市众多资源收益的权利。由于稳定居住的权利取决于房屋的质量，这在不同城市的区别不大，而获得城市资源收益的权利则受不同城市资源质量高低的影响，越是拥有高质量资源的城市，该权利的价值无疑就会越高。因此，不同城市房价的高低往往取决于该城市资源质量的高低，越是资源质量高的城市，买房者从房屋中所获得的享有该城市资源收益权利的价值就越高，它的房价相应地也会越高。因此，我们提出以下假设：

假设 1：房价代表的是城市房屋及其周边众多资源的价格，越是资源质量高的城市，其房价也会相应地越高。

（二）城市资源、房价与城市人口集聚

人们迁出或迁入一个城市都是理性选择的结果，每个人都会选择对于自身性价比最高的城市工作和生活，也即，哪个城市工作和生活的成本低、收益高，人们就会向哪个城市流动（李超、匡耀求等，2013）。那么，为什么有众多人口选择向大中城市迁移集聚呢？除了政府在公共服务和教育等资源方面偏向于大中城市分配外，更为重要的是，人口集聚本身会形成规模效应的收益。这种规模效益主要体现在供给端繁荣所带来的城市资源质量提升，就如萨伊在《政治经济学概论》（1803）中所提到的：“在一切社会，生产者越众，多产品越多样化，产品便销得越快、越多和越广泛，而生产者所得的利润也越大……每一个都和全体的共同繁荣有利害关系。一个企业办得成功，就可帮助别的企业也达到成功。事实上，无论一个人从事哪一种职业或哪一门生意，他周围的人脉越发达，他就能够得到越丰厚的报酬，能够越容易找到工作……。”也即，在一个社会中，越多劳动者供给，他们得到的收入就越高，创造的需求就越大，整体经济就越繁荣，

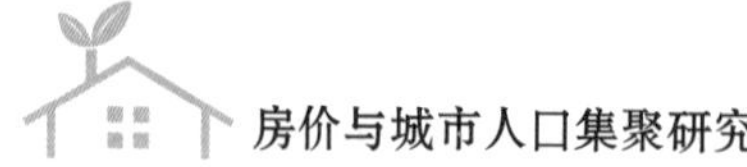

每个人所能享受到的各种经济资源就越多，获得到收益就越大（周庭芳、张超，2017）。例如，我们会发现，越是人口集聚的地方，会有越多的大型超市、娱乐场所、饭店、旅馆、教育机构、培训中心等等各种便利的设施资源，以及有越多的做买卖和就业的机会资源。实际上，正是人口集聚推进了经济资源的集聚，经济资源的集聚反过来再刺激人口集聚（周其仁，2012）。

这样，按照人们趋利的本性，在没有其他约束条件的情况下，绝大部分人口都会选择向大城市迁移集聚，就像如果可以免费得到北京、上海、广州、深圳等大都市的各种良好的教育、就业、医疗、生活资源，相信全国没有多少人会拒绝迁移。然而，现实中并没有发生全国人口都向大城市迁移集聚的情况。这是因为，如前文所述，城市的各种资源是有成本价格的，房价就代表了在这些城市稳定居住及享受其众多资源需要付出的价格。在城市资源吸引人口迁移集聚的关系中，房价不仅起到信号传递的中介作用，而且还起到了减缓或提升需求的调节作用。一方面，房价直接传递了城市资源质量高低的信息（张莉、何晶等，2017），越是资源质量高的城市，其房价也会相应地越高，在房价上涨反映的完全是城市资源质量提升信号的情况下，城市的人口集聚程度会随着房价上涨而提高。当然，在房价过快上涨以至脱离城市资源质量基础的情况下，房价反映的就是价格脱离质量的信号，城市的人口集聚程度会随着房价上涨而降低；另一方面，房价作为享受城市资源需要付出的成本价格，将调节城市资源吸引人口迁移集聚的需求动力，当付出的成本超过获得的资源收益时，很多人向大城市迁移集聚的动力就会消减。也即，当房价较低时，城市的高质量资源对人口迁移集聚的吸引力将较为强烈，而当房价过高时，城市的高质量资源对人口迁移集聚的吸引力将下降。因此，我们提出以下两个假设：

假设 2：房价在城市资源质量与人口集聚的关系中起中介作用，当房价上涨反映的完全是城市资源质量提升的信号时，城市的人口集聚程度会随着房价上涨而提高；当房价过快上涨反映的是价格脱离质量的信号时，城市的人口集聚程度会随着房价上涨而降低。

假设 3：房价负向调节城市资源质量与人口集聚之间的关系，即越是低房价，城市资源质量提升对人口集聚的正向影响越是强烈；越是高房价，城市资源质量提升对人口集聚的正向影响越是弱化。

四、数据与模型

（一）数据与样本

为了检验房价、城市资源质量与人口集聚之间的关系，本书选取人口集聚程度最高、房价上涨最快的全国 35 个大中城市，包括北京、天津、石家庄、太原、呼和浩特、沈阳、大连、长春、哈尔滨、上海、南京、杭州、宁波、合肥、福州、厦门、南昌、济南、青岛、郑州、武汉、长沙、广州、深圳、南宁、海口、重庆、成都、贵阳、昆明、西安、兰州、西宁、银川、乌鲁木齐等作为研究对象，数据范围为城市房价上涨最为迅猛的最近 10 年时间，即 2006—2015 年，数据来源于中华人民共和国国家统计局网站的“地区数据”下的“主要城市年度数据”，以及各城市的统计年鉴。同时，为了检验房价代表的是城市房屋及其周边众多资源的价格，本书还选取了一线城市广州作为样本案例进行分析，房价数据来源于房天下网统计的 2017 年 11 月份广州各区二手房成交均价，教育数据来源于搜学网的评分，生活资源数据来源于广州统计信息网。

（二）城市资源质量的测度

借鉴李超、张超（2015）的研究，利用教育资源、医疗资源、就业资源、生活资源等四个方面的指标来衡量城市资源的质量。

1. 教育资源（EDU）

在中国，往往越是高校数量多的城市，其教育资源就越是丰富，像北京、上海、南京、天津、武汉、广州等有众多著多大学的城市，无论是高等教育资源，还是基础教育资源，其质量都相对较高。由于高校数量越多的城

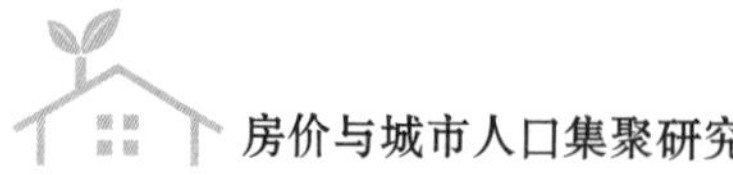

市，其在校学生人数也自然越多。因此，本书以“普通高等学校在校学生数”指标来衡量一个城市的教育资源质量，普通高等学校在校学生数越多的城市，表明该城市的教育资源质量越高。

2. 医疗资源（MED）

一个城市的医疗资源是否丰富、总体质量是否高，往往可以通过其从医人员的数量来观察。一般地，越是从医人员多的城市，其地区医疗资源的总体质量就会越高。因此，本书以“执业（助理）医师数”来衡量一个城市的医疗资源质量，执业（助理）医师数越多的城市，表明该城市的医疗资源质量越高。

3. 就业资源（EMP）

通常来说，经济总量越高的城市，能够提供的创业和就业的机会会越多，即就业资源会越丰富。因此，本书以“国内生产总值（GDP）”来衡量一个城市的就业资源质量，国内生产总值（GDP）越高的城市，表明该城市的就业资源质量越高。

4. 生活资源（LIF）

一个城市的生活便利程度，是由其所能提供的生活设施的丰富程度决定的，比如大型超市、商业广场、批发市场、剧院影城、酒吧歌厅、家装市场等，越是这些消费发达的城市，可以说是其生活资源越丰富、总体质量越高。因此，本书可以“社会商品零售总额”来衡量一个城市的生活资源质量，社会商品零售总额越高的城市，表明该城市的生活资源质量越高。

以上 4 个指标从不同侧面反映了一个城市资源质量的高低，但是每个指标都不够全面，有一定的局限性。因此，本书采用主成分分析法，在以上 4 个维度测度指标的基础上，合成全面反映一个城市资源质量的综合指标，即“城市资源质量”（RES）指标。

利用 Eviews6.0 软件合成 35 个大中城市 2006—2015 年教育资源、医疗资源、就业资源、生活资源等 4 个指标的主成分值如表 4–1 所示。可以

发现，越是发达的一、二线城市，其表示城市资源质量的主成分值就越大。其中，北京、上海、广州、深圳、天津的主成分值最高，远远超出了其他城市，这也是当前中国城市资源分配的真实写照。

表 4-1　35 个大中城市资源质量综合指标（2006—2015 年）

	2006	2007	2008	2009	2010	2011	2012	2013	2014	2015
北京	2.17	2.63	3.19	3.65	4.30	4.94	5.58	6.14	6.66	7.25
天津	−0.18	0.04	0.35	0.65	1.06	1.53	1.94	2.36	2.66	3.02
石家庄	−1.20	−0.90	−0.77	−0.59	−0.41	−0.22	−0.05	0.16	0.27	0.58
太原	−1.47	−1.35	−1.23	−1.15	−1.05	−0.92	−0.78	−0.65	−0.54	−0.43
呼和浩特	−1.95	−1.88	−1.80	−1.69	−1.59	−1.51	−1.50	−1.41	−1.34	−1.16
沈阳	−0.84	−0.65	−0.48	−0.30	−0.10	0.20	0.41	0.64	0.79	0.94
大连	−1.21	−1.10	−0.91	−0.74	−0.56	−0.35	−0.11	0.10	0.22	0.35
长春	−1.15	−1.04	−0.88	−0.78	−0.62	−0.44	−0.28	−0.13	0.02	0.18
哈尔滨	−0.90	−0.75	−0.52	−0.35	−0.10	0.03	0.10	0.39	0.48	1.01
上海	2.04	2.57	3.07	3.45	4.00	4.56	4.93	5.41	5.96	6.46
南京	−0.38	−0.15	0.08	0.32	0.57	0.85	0.90	1.44	1.75	2.02
杭州	−0.64	−0.41	−0.21	−0.02	0.31	0.62	0.91	1.26	1.65	2.00
宁波	−1.30	−1.16	−1.04	−0.89	−0.67	−0.42	−0.24	−0.05	0.16	0.35
合肥	−1.64	−1.54	−1.38	−1.21	−1.06	−0.69	−0.52	−0.32	−0.09	0.19
福州	−1.43	−1.32	−1.16	−1.01	−0.80	−0.57	−0.36	−0.15	0.06	0.26
厦门	0.01	0.21	0.31	0.42	0.49	0.58	0.62	0.75	0.86	1.38
南昌	−1.31	−1.32	−1.30	−1.18	−1.07	−0.86	−0.86	−0.64	−0.46	−0.24
济南	−0.63	−0.49	−0.31	−0.12	0.06	0.23	0.45	0.83	1.02	1.47
青岛	−0.97	−0.85	−0.64	−0.50	−0.27	−0.03	0.28	0.56	0.81	1.05
郑州	−0.86	−0.65	−0.38	−0.13	−0.05	0.22	0.49	0.84	1.38	1.45
武汉	0.06	0.26	0.55	0.82	1.15	1.51	1.85	2.20	2.51	2.94
长沙	−1.01	−0.78	−0.53	−0.29	−0.04	0.23	0.47	0.82	1.01	1.33
广州	0.75	1.17	1.57	2.03	2.57	3.16	3.65	4.29	4.61	5.13
深圳	0.12	0.26	0.62	0.83	1.28	1.87	2.37	2.88	3.37	3.82
南宁	−1.66	−1.53	−1.36	−1.34	−1.18	−1.01	−0.85	−0.50	−0.42	−0.35
海口	−2.06	−2.23	−2.20	−2.16	−2.10	−2.02	−2.01	−1.91	−1.80	−1.77
重庆	0.34	0.52	0.61	0.68	0.79	0.84	0.98	1.02	1.21	1.32
成都	0.36	0.49	0.58	0.66	0.75	0.83	1.05	1.13	1.18	1.22
贵阳	−1.79	−1.76	−1.74	−1.63	−1.54	−1.46	−1.16	−1.16	−1.02	−0.84
昆明	−1.45	−1.35	−1.34	−0.85	−0.46	−0.71	0.16	−0.28	−0.13	0.01
西安	−0.84	−0.65	−0.38	−0.33	−0.01	0.32	0.59	0.81	1.10	1.43
兰州	−1.89	−1.84	−1.76	−1.61	−1.52	−1.41	−1.32	−1.00	−0.99	−0.91
西宁	−2.39	−2.37	−2.32	−2.30	−2.20	−1.79	−1.74	−2.07	−2.02	−1.97
银川	−2.34	−2.30	−2.26	−2.28	−2.23	−2.11	−2.06	−2.00	−1.95	−1.88
乌鲁木齐	−1.98	−1.89	−1.81	−1.78	−1.69	−1.58	−1.49	−1.37	−1.28	−1.20

（三）研究模型

本书的因变量是城市人口集聚程度，采用城市的“人口密度”（POP）指标来衡量，自变量房价以城市“住宅商品房平均销售价格”（PRI）指标来衡量。

要证明房价代表城市房屋及其周边众多资源的价格，本书分为两个步骤：一是对35个大中城市的城市资源质量与房价进行面板数据回归，如式（1），观察房价与城市资源质量的相关性。理论上，房价如果代表的是城市房屋及其周边众多资源的价格，那么，越是资源质量高的城市，其房价也会相应地越高。二是，以广州作为样本案例，在最大限度地控制其他因素干扰影响的基础上，分析在同一城市内部，是否由于资源质量的不同会导致房价不同。

$$PRI_{i,t}=c+\alpha_1 RES_{i,t}+\varepsilon_{i,t} \qquad \text{（式 4-1）}$$

如前文理论分析，房价在城市资源质量与人口集聚的关系中起中介和调节两种效应（如图4-1所示）。按照温忠麟等（2005）的方法，一个变量既可以做中介变量，也可以做调节变量，即甲变量既可以在乙变量与丙变量的关系中起中介作用，也可以在乙变量与丙变量的关系中起调节作用。因此，借鉴温忠麟（2005）的做法，构建两个模型来对这两种效应进行检验。

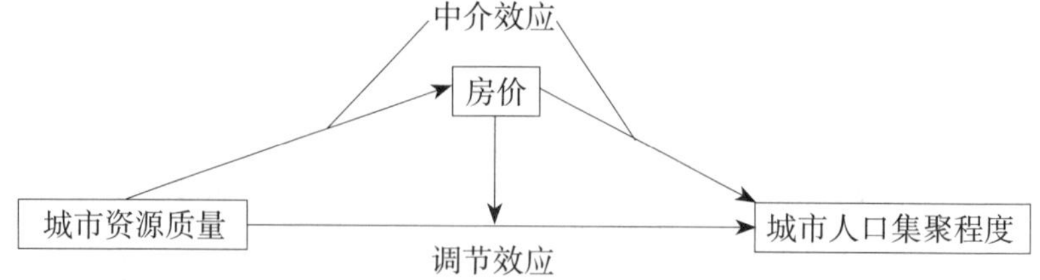

图4-1　城市资源质量、房价与城市人口集聚程度的关系

中介效应。以城市人口密度（*POP*）为因变量，以城市资源质量（*RES*）、城市房价（*PRI*）作为解释变量，构建模型（2），并结合模型（1），检验城市资源质量通过房价影响人口集聚程度的中介效应。

$$POP_{i,t}=c+\lambda_1 RES_{i,t}+\lambda_2 PRI_{i,t}+\varepsilon_{i,t} \qquad \text{（式 4-2）}$$

调节效应。以城市人口密度（*POP*）为因变量，以城市资源质量（*RES*）、城市房价（*PRI*）及其交互项作为解释变量，构建模型（3），检验房价对城市资源质量与人口集聚程度间的调节效应。

$$POP_{i,t}=c+\beta_1 RES_{i,t}+\beta_2 PRI_{i,t}+\beta_3 RES_{i,t}\times PRI_{i,t}+\varepsilon_{i,t}$$（式 4–3）

其中，c 是常数项，i 表示城市，t 表示年份，$PRI_{i,t}$ 表示第 i 个城市第 t 年的房价，$RES_{i,t}$ 表示第 i 个城市第 t 年的资源质量，$POP_{i,t}$ 表示第 i 个城市第 t 年的人口密度，α 、λ 、β 等为回归系数，ε 为随机项。

表 4–2 相关变量的测度方法

变量	代码	测度方法
城市人口密度	*POP*	人口密度 = 总人口 / 总土地面积
城市房价	*PRI*	住宅商品房平均销售价格
城市教育资源	*EDU*	普通高等学校在校学生数
城市医疗资源	*MED*	执业（助理）医师数
城市就业资源	*EMP*	GDP 值
城市生活资源	*LIF*	社会商品零售总额
城市资源质量	*RES*	教育、医疗、就业、生活等 4 个资源指标的主成分值

五、实证结果分析

借鉴张祥建等（2015）的方法，为了降低异方差的影响，本书在估计过程中采用 GLS 的方法，具体回归结果及分析如下。

（一）城市资源质量与房价

首先对 35 个大中城市的城市资源质量与房价面板数据进行回归，如式（4）。结果显示，回归方程的各系数均通过了显著性水平为 1% 的 t 检验。这表明，越是资源质量高的城市，其房价也会相应地越高。

$$PRI= 6.683558+1.828821RES$$（式 4–4）

（43.69397）*** （20.51515）***

其次以广州作为样本案例，分析在同一城市内部的区域资源质量与房价的关系。之所以选择同一城市的不同区域的数据来进行检验，是因为同一城市所面对的房屋造价是基本相同的，不同房屋的区别主要在于所处地段的资源配置不同。甚至，由于同一城市内部的距离比较近，就业、医疗等资源都是能共享的，可以将这些因素也视作基本相同，不同地段房屋的主要不同就在于教育资源、生活资源的配置差别。这样，我们可以最大限度地控制其他因素的干扰影响，集中分析是否由于教育、生活资源质量不同导致了房价的不同。如表 4–3 所示，以全市排名前 30 的重点小学数量作为衡量教育资源的指标，以社会商品零售总额作为衡量生活资源的指标，以二手房平均成交价格作为衡量房价的指标，我们可以发现，越是教育、生活资源质量高的城市，其房价也会相应地越高。其中，越秀区是老城区，有众多老旧房子成交，但因为其教育、生活资源丰富，二手房价丝毫不比其他新区便宜，反而是与同样资源丰富的天河区一样拥有最高的房价。与此同时，从化、花都、增城、南沙等四个区域处于广州中心城区之外，它们拥有众多质量良好的房子，如广州的别墅群大多分布在这几个区，但由于教育、生活资源质量相对较低，它们的房价却是各区中最低的。

表 4–3　广州市各区教育、生活资源与房价的关系

区域	教育资源	生活资源	房价
	全市排名前 30 的重点小学数量	社会商品零售总额（亿元）	二手房平均成交价格（元 / 平方米）
天河区	10	1 818.35	49 416
越秀区	13	1 245.29	47 180
海珠区	7	866.15	39 275
荔湾区	7	789.76	29 512
白云区	2	1 113.68	28 717
番禺区	2	1 143.04	25 597
黄埔区	4	611.98	24 964
南沙区	0.3	197.16	17 629
增城区	0.45	336.99	17 227
花都区	0.2	441.74	13 863
从化区	0.5	142.35	11 588

注：在搜学网中，小学的评分从 1 到 10，评分越高的排名越靠前。其中，全市排名前 30 的重点小学评分都达到 8 及以上的，而南沙、增城、花都、从化等四个区都没有排名前 30 的重点小学，为了体现这四个区域的差别，把这四个区域评分为 7 的小学

算进来，1 个评分为 7 的小学算 0.05 个重点小学。另外，采用二手房而不是一手房的平均价格数据，是因为一手房的数据受当期该区域所推新盘的地段、数量等影响较大，不能真实反映该区域的房价。

以上实证表明，房价明显地代表的是城市房屋及其周边众多资源的价格，越是资源质量高的城市，其房价也会相应地越高，假设 1 得到证明。

（二）中介效应

按照温忠麟等（2005）对中介效应的检验程序（如图 4–2 所示），本书对房价在城市资源质量与人口集聚关系中起到的中介效应进行检验。

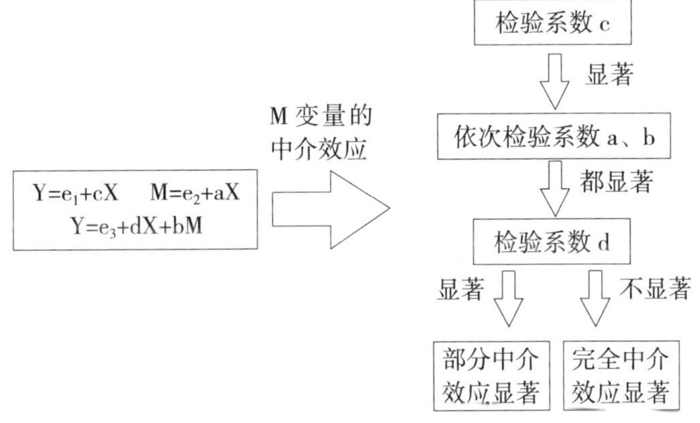

图 4–2 中介效应检验程序

根据表 4–4 的检验结果，第一、第二、第三步各系数的 t 检验都在 1% 的水平下通过显著性检验，这表明房价的中介效应显著。其中，由于第 4 个系数的 t 检验也是显著的，所以房价只是部分中介效应，而不是完全中介效应，中介效应占总效应的比例为：0.170118 × 1.828821/1.660937=18.7%。同时，房价与城市人口集聚程度显著正相关。这表明，房价在城市资源质量与人口集聚的关系中起中介作用，并且当前我国房价上涨反映的基本还是城市资源质量提升的信号，城市的人口集聚程度依然随着房价上涨而提高。假设 2 得到证明。值得注意的是，房价在城市资源质量与人口集聚程度关系中所起到的中介效应只占总效应的 20% 左右，并不是 100% 的完全中介效应，还剩下 80% 的影响效应由城市资源质量直接作用于人口集聚程度，而房价在其中起调节作用，这将在下文做进一步的检验分析。

表 4–4　房价（PRI）的中介效应检验结果

	标准化回归方程	回归系数检验
第一步	*POP*=6.473572+1.660937RES	t=17.67539***
第二步	*PRI*= 6.683558+1.828821RES	t=20.51515***
第三步	*POP*=5.336577+0.170118PRI+1.349821RES	*t*=3.046201***；*t*=9.778234***

注：*** 表示在 1% 的水平上显著，下同.

（三）调节效应

按照温忠麟（2005）对调节效应的检验程序（如图 4–3 所示），本书对房价在城市资源质量与人口集聚关系中起到的调节效应进行检验。

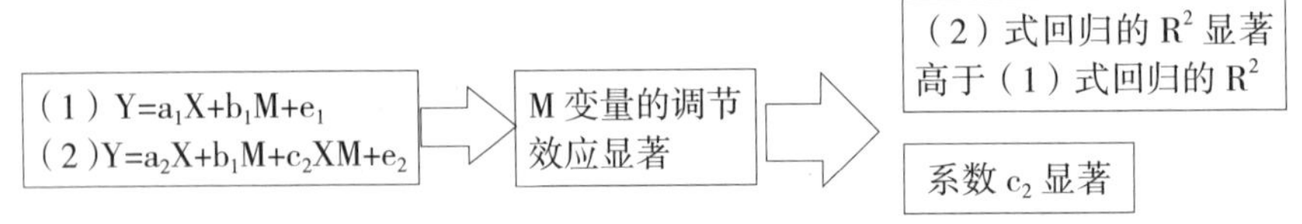

图 4–3　调节效应检验程序

根据表 4–5 的检验结果，城市资源质量与房价交互项的回归系数通过了 1% 的显著性 t 检验，且从第一步到第二步的相关系数有所提高（R2 增加了 0.01），所以房价的调节效应显著。由式 $POP=5.113645+0.234355PRI+(1.702673-0.039860PRI)\times RES$，可知，房价负向调节城市资源质量与人口集聚之间的关系，即越是低房价，城市资源质量提升对人口集聚的正向影响越是强烈；越是高房价，城市资源质量提升对人口集聚的正向影响越是弱化。假设 3 得到证明。值得注意的是，在较极端的情况下，房价达到非常高的水平，城市资源质量与人口集聚间的相关关系将由正转变为负，城市资源质量的提升无法进一步吸引人口集聚。

表 4–5　房价（PRI）的调节效应检验结果

	标准化回归方程	回归系数检验	相关系数检验
第一步	*POP*=5.336577+0.170118*PRI*+1.349821RES	*t*=3.046201***；*t*=9.778234***	R2=0.486786
第二步	*POP*=5.113645+0.234355*PRI*+1.702673RES–0.039860PRI × RES	*t*=3.821076***；*t*=8.564908***；*t*=–2.450426***	R2=0.495541

六、结论与启示

区别于已有研究，本书将城市资源质量纳入房价与人口迁移集聚关系的理论分析框架，探讨房价在城市资源与人口集聚间所起的中介与调节效应，并以全国35个大中城市的面板数据进行实证检验，具体结论如下：

第一，房价实际上是城市一系列资源权利的价格，它包括了在某个城市稳定居住的权利以及获得该城市众多资源收益的权利。由于稳定居住的权利取决于房屋的质量，这在不同城市的区别不大，而获得城市资源收益的权利则受不同城市资源质量高低的影响。越是拥有高质量资源的城市，享受该城市资源收益的权利价值无疑就会越高，其房价也会相应地越高。实证显示，35个大中城市的房价明显地代表的是城市房屋及其周边众多资源的价格，而不仅仅是房屋的价格。

第二，房价直接传递了城市资源质量高低的信息，它在城市资源质量与人口集聚的关系中起中介作用，当房价上涨反映的完全是城市资源质量提升的信号时，城市的人口集聚程度会随着房价上涨而提高；当房价过快上涨反映的是价格脱离质量的信号时，城市的人口集聚程度会随着房价上涨而降低。实证显示，当前我国房价上涨反映的基本还是城市资源质量提升的信号，城市的人口集聚程度依然随着房价上涨而提高。

第三，房价作为享受城市资源需要付出的成本价格，将负向调节城市资源质量与人口集聚之间的关系，即越是低房价，城市资源质量提升对人口集聚的正向影响越是强烈；越是高房价，城市资源质量提升对人口集聚的正向影响越是弱化。实证显示，房价明显对35个大中城市的资源质量与人口集聚间的关系起到了负向调节作用。

根据本书的分析与结论，在实践中我们至少可以得到以下几点启示：

第一，从城市资源的角度看，一、二线城市的高房价是有其合理性的，因为这些城市的就业资源、医疗卫生资源、教育资源、生活设施资源等最为丰富，房价实际上已经是这一系列资源的价格。特别是，我们可以发现，那些天价房基本上都是极好的学位房，房屋面积还特别小，学位的巨大价

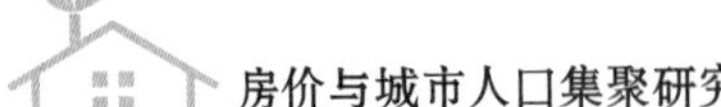

值依附于不同面积的房屋上，当然是面积越小的房子价格越高。就如之前中国之声《新闻纵横》报道的，位于北京（楼盘）西城区文昌胡同的一间11平方米的平房，因属于北京最著名的小学之一实验二小的学区房，并地处隔壁，最终以530万元的价格成交，每平方米价格达到46万元人民币（陈白帆，2016），这个天价当然大部分是属于学位资源的价格，而不是那个破旧平房的价格。因此，我们不能纯粹以房屋的价值或者居住的权利来看待房价，而应该更多地从其背后所能享受的资源收益来判断房价是否合理。往往正确的看法是，并不是城市的房屋价格不合理，而是享受城市各种高质量资源的价格太高。

第二，一直以来，政府调控房价的主要手段都是限购、限贷和限价，利用控制需求的方法来打压房价，但效果都不甚理想。根据本书的理论，调控效果不理想，是因为房价代表的是城市资源的价格，某个城市政府越是打压房价，就意味着该城市的资源价格越是便宜，相对收益提高，人们就会往该城市迁移集聚，结果在后期人们对房屋的需求反而会进一步增加，房价自然迎来爆发性上涨。实际上，从人口迁移集聚的需求动力来看，要想真正实现房价调控目的，让房子回归到“是用来住的、不是用来炒”的定位，关键在于采取措施使得房价真正体现的是房屋价格，而不再是城市一系列资源的价格。也就是要实行房屋与城市其他资源权利的分离，购房时不再需要支付其他捆绑资源的价格。当然，现实中城市房屋的很多捆绑资源是无法分离的，像大型超市、娱乐场所、饭店、旅馆等各种便利的生活资源往往就集中在城市的中心区域，购买这些区域的房子自然就能享受这些生活资源的收益。但也有些重要资源是可以分离的，比如教育学位资源就可以不和房屋捆绑在一起，如果没有学位的捆绑销售，很多天价的学位房一定会迅速掉价、贬值。另外，在就业资源、生活资源方面，城市内部及城市间的交通基础设施的进一步完善也可以实现一定程度的资源权利与房屋分离，因为这意味着很多人不需要在中心城区购房，也可以在快速交通的帮助下享受其资源收益，如通过地铁、轻轨、动车等跨城或跨区域就业。

第三，实际上，房价已经成为调控城市资源分配的一种手段，谁出价更高，谁就能享有附带更好教育资源、医疗卫生资源、生活资源的房子。人口的迁移正是房价通过成本—收益的信号传递的调节结果，不同城市的人口集聚分布其实体现了资源在不同人群中的分配状况。问题是，是否还有更好的调控城市资源分配的手段？我们可以不考虑房价来进行城市资源的分配，例如在 1998 年住房改革以前，我国实行的是福利分房，分配房屋及其附带城市资源的方式是按资历、按排队先后、按职位高低、按关系强弱等，但那时的分配让更多人觉得不公平，也缺乏效率，只有体制内的少部分人享受到住房及其附带的众多资源的收益，体制外的大多数人根本无法享受这些。我国近 30 多年来的改革经验证明，发挥市场在资源配置中的决定性作用，是我们在众多领域取得令人瞩目成就的重要原因。而房价作为调控城市资源分配的一种手段，正是以价格为准则的市场在城市资源分配中起到了决定性作用，它让我们更多的老百姓拥有了城市住房，并得以享受住房附带的众多资源收益。因此，我们不能因为房价高引起的一些抱怨和矛盾，就放弃这一手段，而是要继续完善发挥房价对城市人口集聚分布和资源分配的调节作用。

第五章　高房价收入比的形成原因及对人口集聚的影响

一、问题的提出

房价收入比为住房价格与居民家庭年收入之比，是用于衡量一个国家或城市的房价是否处于居民收入能够支撑的合理水平的综合指标，目前国际上比较流行的说法认为，房价收入比在 3 ～ 6 倍为合理区间。若某地区计算出的房价收入比高于这一范围，则认为其房价偏高，房地产市场可能存在泡沫。然而，近年来随着我国房价不断上涨，大部分大中城市的房价收入比都远远超过了 6 倍。据上海易居房地产研究院发布的 2015 年“全国 35 个大中城市房价收入比排行榜”报告显示，我国 35 个大中城市的房价收入比均值为 8.7，其中，深圳、北京、杭州、上海、厦门、广州、福州、天津、海口等 9 个城市的房价收入比高于 10，深圳高达 23.2，位居首位（如表 5–1 所示）；剔除经济适用房、棚改房、动迁房、限价房等可售型保障性住房后，从更反映真实情况的商品住宅来看，35 个大中城市的房价收入比均值高达 10.2，其中，深圳、上海、北京等一线城市更是分别达到了 27.7、20.8 和 18.1（如表 5–2 所示）。

表 5-1　2015 年全国 35 个大中城市房价收入比排名

排名	城市	房价收入比
1	深圳	23.2
2	厦门	15.3
3	北京	14.5
4	上海	14.0
5	福州	11.2
6	杭州	10.7
7	广州	10.4
8	天津	10.0
9	海口	10.0
10	太原	9.2
11	南京	9.1
12	大连	8.4
13	乌鲁木齐	8.3
14	合肥	8.1
15	郑州	8.0
16	石家庄	8.0
17	武汉	8.0
18	宁波	7.9
19	兰州	7.8
20	长春	7.5
21	南昌	7.5
22	南宁	7.4
23	昆明	7.3
24	青岛	7.2
25	哈尔滨	6.8
26	成都	6.8
27	西安	6.5
28	济南	6.5
29	贵阳	6.3
30	西宁	6.3
31	重庆	6.3
32	沈阳	6.0
33	银川	5.5
34	长沙	4.8
35	呼和浩特	4.6

数据来源：上海易居房地产研究院。

表 5-2　2015 年全国 35 个大中城市剔除可售型保障房的房价收入比排名

排名	城市	房价收入比
1	深圳	27.7
2	上海	20.8
3	北京	18.1

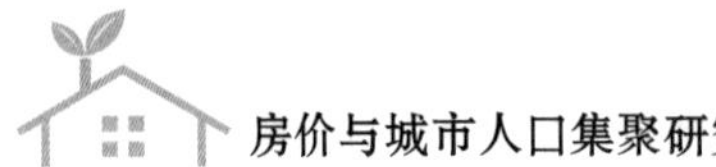

续表

排名	城市	房价收入比
4	厦门	16.6
5	福州	14.7
6	太原	12.2
7	天津	11.7
8	杭州	11.3
9	南京	11.3
10	广州	11.1
11	海口	10.7
12	郑州	10.3
13	大连	9.7
14	乌鲁木齐	9.7
15	宁波	9.6
16	南昌	9.3
17	合肥	9.2
18	石家庄	9
19	南宁	8.8
20	重庆	8.4
21	武汉	8.3
22	兰州	8.3
23	长春	8
24	哈尔滨	7.9
25	昆明	7.9
26	西安	7.4
27	西宁	7.4
28	济南	7.4
29	成都	7.3
30	青岛	7.3
31	贵阳	6.6
32	沈阳	6.1
33	呼和浩特	5.9
34	银川	5.8
35	长沙	5.2

数据来源：上海易居房地产研究院。

从国际经验看，发达地区人口高度集聚的特大型城市的房价收入比都普遍较高，如纽约、洛杉矶、东京、伦敦以及我国香港等的房价收入比都在6—9倍左右（陈淮，2009），但我国一线大中城市的房价收入比竟然远远超过了它们。那么，是什么原因导致我国大中城市出现如此高的房价收入比？目前已有的研究只简单地认为是由于我国房价上涨的速度快于居

民收入（杨永华，2006；吴福象，姜凤珍，2012），并过多地纠结于房价收入比的合理范围（陈杰，郝前进等，2008；谭峻，赵妍，2012），对于为什么房价上涨速度会快于居民收入这个真正的问题却没有回答。关于房价收入比的一些关键问题，如为什么有些城市的房价收入比远比其他城市高、为什么我国很多城市房价收入比远高于发达国家以及如何形成合理的房价收入比等问题，也仍未得到很好地解决。

与此同时，高房价收入比提高了城市居民的居住和生活成本，影响到居民的生活质量。根据由中国经济实验研究院对全国 35 个城市生活质量进行调查的报告《2014 年中国 35 城市生活质量报告》显示，全国 35 个城市生活质量主观满意度指数平均值为 51.57，仍旧偏低。从 5 个分指数来看，居民对人力资本、社会保障、生活感受和生活水平的主观满意度指数均超过 50，对包含房屋销售价格和房价收入比的生活成本满意度指数则为 31.81，这成为拉低生活质量满意度的最主要因素（丁栋，2014）。我国正处于高速城市化的进程中，大量人口往大中城市集聚，高房价收入比在降低城市居民生活质量满意度的情况下，是否会减缓这一人口集聚进程？匡贤明（2009）认为，居民能够在城市定居并逐步融入城市，一个基本条件是“住有所居”，但是，当商品房价格上涨超过居民收入上涨幅度时，城市化的门槛将逐步提高，城市化的速度将受到影响，甚至出现“逆城市化”。然而，从世界各国的经验来看，人口集聚的“城市化”大潮并未因曾经出现的高房价收入比而中断过。周其仁（2012）就认为，人不单单是所谓的社会动物，而且还是“倾向于集聚”的社会动物，人们只要发现人口聚集有利于经济增长，聚集到一起有利于增加收入，聚集与再聚集的增长引擎就发动了，“城市化”大潮不可阻挡。那么，到底我国大中城市的高房价收入比对其人口集聚进程有怎样的影响？已有的研究并没有给出相应的检验答案。

总体来看，学界对于这些问题争论很多，但一直缺乏较好的经验实证，也没有形成逻辑一致的系统理论框架。因此，本书试图从我国特有的经济、社会制度因素出发，从人口集聚、经济集聚的视角构建房价收入比变化的系统框架，在研究城市人口集聚机制与趋势的基础上，以全国35个大中城市为样本，实证检验引起我国房价收入比变化的关键因素，以及高房价收入比对大中城市人口集聚的影响。

二、高房价收入比的形成背景与原因

（一）制度背景

自2000年以来，我国大中城市的房价收入比就一直呈上涨趋势，到2015年，北京、上海、广州、深圳等一线城市的房价收入比差不多都上涨了一到两倍。要解释这些大中城市高房价收入比为何形成，必须先了解其形成的制度背景。

1. 住房分配货币化改革，激活房地产市场

改革开放以前，我国实行传统福利分房，由国家和职工所在单位投资建设住房，以实物形式直接分配给职工消费，这基本是无偿分配或近似无偿分配。

改革开放后，我国开始探索住宅商品化政策。1978年，邓小平首次提出关于住房制度改革的问题，同年6月，中共中央、国务院批转了《全国基本建设工作会议汇报提纲》，正式宣布将实行住宅商品化的政策。自1986年以后，我国掀起了第一轮房改热潮。1991年6月，国务院颁发了《关于继续积极稳妥地进行城镇住房制度改革的通知》，要求实行新房新制度，强调了国家统一政策的严肃性。1994年7月18日，国务院印发了《关于深化城镇住房制度改革的决定》，内容包括把住房实物分配的方式改变为以按劳分配为主的货币工资分配方式。1998年7月3日，房改的纲领性文件《国务院关于进一步深化城镇住房制度改革加快住房建设的通知》（国发〔1998〕23号）下发，文件中明确提出，1998年下半年开始停止住房实物分配，逐步实行住房分配货币化，具体时间、步骤由各省、自治区、直辖市人民政府根据本地实际确定。这宣布了实物福利分房的终结。随后，中国人民银行颁布《个

人住房担保贷款管理办法》，允许商业银行开展住房按揭贷款服务。

表 5-3 我国住房分配货币化改革历程

标志	时间	文件	内容
房改探索和试点阶段	1978 年 6 月	中共中央、国务院批转《全国基本建设工作会议汇报提纲》	正式宣布将实行住宅商品化的政策。
房改全面实施阶段	1991 年 6 月	国务院颁发《关于继续积极稳妥地进行城镇住房制度改革的通知》	要求实行新房新制度，强调了国家统一政策的严肃性。
综合配套改革阶段	1994 年 7 月	国务院印发《关于深化城镇住房制度改革的决定》	内容包括把住房实物分配的方式改变为以按劳分配为主的货币工资分配方式。
实物福利分房的终结阶段	1998 年 7 月	国务院下发《关于进一步深化城镇住房制度改革、加快住房建设的通知》	明确指出在 1998 年下半年开始停止住房实物分配，逐步实行住房分配货币化。

资料来源：作者收集整理。

至此，福利分房制度被取消，住房分配货币化、住房供给商品化、社会化的住房新体制开始建立。这项重大改革举措对我国房地市场的影响是巨大的。在 1998 年之前的近 50 年时间里，我国房子和金钱的关系并不是很紧密，分配房子的规则不是市场规则（价高者得），而是等级规则，通常和“工龄”“级别”等一些词语挂钩，福利分房和单位集资建房是解决住房问题的主要方式。房价是隐性的，也就不存在高房价收入比的问题。1998 年以后，住房货币化、市场化改革使得房子逐渐与金钱完全挂钩，我国房地产市场的走势开始按市场的供求逻辑运行，一旦市场需求旺盛而供给跟不上，房价就必然上涨，这为大中城市的高房价收入比的形成设置了制度条件。

2. 户籍制度改革促进人口自由迁移

二元户籍制度是我国在计划经济年代为了优先发展城市重工业体系的不得已选择，主要目的是限制人口在城乡间的自由流动。

1964 年 8 月，我国出台《公安部关于处理户口迁移的规定（草案）》，不仅对从农村迁往城市、集镇严加限制，对从集镇迁往城市也严加限制。

改革开放后，为了适应市场经济的发展要求，我国二元户籍严控制度才开始逐步放松和调整。1984 年 10 月，《国务院关于农民进入集镇落户问题的通知》颁布规定，农民可以自理口粮进集镇落户。1997 年 6 月，《国务院批转公安部小城镇户籍管理制度改革试点方案和关于完善农村户籍管理制度意见的通知》出台，规定已在小城镇就业、居住、并符合一定条件的农村人口，可以在小城镇办理城镇常住户口。1998 年 7 月，《国务院批转公安部关于解决当前户口管理工作中几个突出问题意见的通知》让户籍制度进一步松动，新生婴儿随父落户、夫妻分居、老人投靠子女以及在城市投资、兴办实业、购买商品房的公民及随其共同居住的直系亲属，凡在城市有合法固定的住房、合法稳定的职业或者生活来源，已居住一定年限并符合当地政府有关规定的，可准予落户。

表 5–4　我国户籍制度改革历程

标志	时间	文件	内容
第一部户口管理条例出台	1951 年 7 月	公安部公布《城市户口管理暂行条例》	规定了对人口出生、死亡、迁入、迁出、“社会变动”（社会身份）等事项的管制办法。
	1955 年 6 月	《国务院关于建立经常户口等级制度的指示》	规定全国城市、集镇、乡村都要建立户口登记制度，户口登记的统计时间为每年一次。
“农”与“非农”二元格局确立	1958 年 1 月	全国人大常委会通过《中华人民共和国户口登记条例》	第一次明确将城乡居民区分为“农业户口”和“非农业户口”两种不同户籍。
	1964 年 8 月	《公安部关于处理户口迁移的规定（草案）》	对从农村迁往城市、集镇的要严加限制；对从集镇迁往城市的要严加限制。
城镇户籍逐步放开	1984 年 10 月	《国务院关于农民进入集镇落户问题的通知》	通知规定，农民可以自理口粮进集镇落户，并同集镇居民一样享有同等权利，履行同等义务。
	1985 年 7 月	《公安部关于城镇暂住人口管理的暂行规定》	标志着城市暂住人口管理制度走向健全，同年 9 月，居民身份证制度颁布实施。
	1997 年 6 月	《国务院批转公安部小城镇户籍管理制度改革试点方案和关于完善农村户籍管理制度意见的通知》	规定已在小城镇就业、居住、并符合一定条件的农村人口，可以在小城镇办理城镇常住户口。

续表

标志	时间	文件	内容
城镇户籍逐步放开	1998 年 7 月	《国务院批转公安部关于解决当前户口管理工作中几个突出问题意见的通知》	新生婴儿随父落户、夫妻分居、老人投靠子女以及在城市投资、兴办实业、购买商品房的公民及随其共同居住的直系亲属，凡在城市有合法固定的住房、合法稳定的职业或者生活来源，已居住一定年限并符合当地政府有关规定的，可准予落户。
	2001 年 3 月	《国务院批转公安部关于推进小城镇户籍管理制度改革意见的通知》	全面推进小城镇户籍制度改革，通知规定，对办理小城镇常住户口的人员不再实行计划指标管理。
	2012 年 2 月	《国务院办公厅关于积极稳妥推进户籍管理制度改革的通知》	引导非农产业和农村人口有序向中小城市和建制镇转移，逐步满足符合条件的农村人口的落户需求，逐步实现城乡基本公共服务均等化。
新型户籍制度改革目标确立	2013 年 11 月	《中共中央关于全面深化改革若干重大问题的决定》	创新人口管理，加快户籍制度改革，全面放开建制镇和小城市落户限制，有序放开中等城市落户限制，合理确定大城市落户条件，严格控制特大城市人口规模。
	2014 年 7 月	《国务院关于进一步推进户籍制度改革的意见》	进一步调整户口迁移政策，统一城乡户口登记制度，全面实施居住证制度，加快建设和共享国家人口基础信息库，稳步推进义务教育、就业服务、基本养老、基本医疗卫生、住房保障等城镇基本公共服务覆盖全部常住人口。

资料来源：作者收集整理。

这意味着，自 1998 年起，大量农村和小城镇人口向大中城市迁移并长期定居下来的通道被逐步放开了，如 1999 年广州政府就颁布了《广州市蓝印户口管理规定》，购房者只需要购买 50 平米以上物业就可以申办蓝印户口，持有五年后可转为正式户口。迁移通道放开后，大中城市迎来的将是迁移人口的巨大的住房需求。

3. 高校扩招加速高素质人口向大中城市集聚

1998 年 11 月，正值金融危机，我国经济增速大大放缓、国内需求疲软，经济学家汤敏以个人名义向中央提交了一份建议书《关于启动中国经济有效途径——扩大招生量一倍》，建议中央扩大招生数量。在这份建议书之中，他指出扩招的 5 点理由：第一，当时中国大学生数量远低于同等发展水平的国家；第二，企业改革带来大量下岗工人，如果他们进入就业市场与年轻人竞争，会出现恶性局面；第三，国家提出经济增长 8% 的目标，教育被认为是老百姓最大的需求，扩招可以拉动内需，激励经济增长；第四，高校有能力接纳扩招的学生，当时平均一个教师仅带 7 个学生；第五，高等教育的普及事关中华民族振兴。

这份建议被中央采纳，之后中央很快制定了以“拉动内需、刺激消费、促进经济增长、缓解就业压力”为目标的扩招计划，教育部出台了《面向 21 世纪教育振兴行动计划》。在 1998 年之前，我国高校扩招年均增长率都只在 8.5% 左右，1999 年，政策出台后，当年普通本科、专科生招生数就增加了 46.4554 万人，增长速度达到 42.86%，随后几年里，每年的扩招幅度都达到 20% 左右[①]。

高校大幅度扩招受益最大的就是广大农村和中小城镇的学生，这大大地提高了他们接受良好教育的机会，他们也更有可能毕业后留在所就读的大中城市工作。同时，本科学历已经成为很多大中城市落户的通行证，像广州、深圳等一线城市都明确规定了本科及以上学历人员可以直接通过人才引进的方式落户当地，如《广州市引进人才入户管理办法》规定，具有普通高等教育本科以上学历并有学士以上学位，或具有经教育部认证的国（境）外学士以上学位，或具有本科以上学历且具有相关专业中级以上专业技术资格或执业资格等的人员均可落户广州。因此，相对于 20 世纪八九十年代的农民工，这些新生代的大学生有更高和更稳定的收入，具备自由迁移落户的条件，是大中城市房地产市场所谓“刚需”的主要来源。总体来说，高校扩招的实施促使了更多高素质人口向大中城市集聚，并为这些城市带来了房地产的“刚需”。

（二）人口集聚之解释

1. 国内人口集聚与房价收入比

城市房价收入比是住房价格与居民家庭年收入之比，在居民收入变化

① 数据来源于历年《中国统计年鉴》，下文中的高校毕业生人数也来源于此．

不大的情况下，住房价格的涨跌在很大程度上决定了房价收入比的高低。从需求的角度看，影响城市住房价格的关键因素是人口，人口聚集程度越高，对城市住房的需求就越大，当地房价水平也就越高。并且，城市中的人口聚集有利于经济繁荣，促进经济增长，反过来经济繁荣又进一步刺激和带动了人口聚集（周其仁，2012），这使得城市住房的需求越加强烈。在世界各国，凡是人口集聚的城市，其房价收入比都明显偏高，如日本的东京、大阪、横滨、名古屋等人口大市的房价收入比就远高于日本国内的其他城市。因此，一个城市的人口集聚程度越高，它的房价收入比也会越高。基于此，我们提出假设1。

假设1：城市的人口集聚程度与其房价收入比表现为正相关关系。

人口聚集程度对于一个城市的房价收入比影响很大，但是它并不能完全解释不同城市房价收入比的巨大差异，如我国同样人口密度的城市的房价收入比要远高于发达国家。这可能要从人口集聚速度的角度来解释。与发达国家80%左右的稳态城镇化水平相比，我国还有6.5亿左右的人口居住在农村，城镇人口占总人口比例为50%左右，我国仍处于高速城镇化进程中。这意味着每年仍有大量农村人口向城市集聚，国内城市的人口集聚处于高速的动态进程，人们对城市住房的需求仍持续增加，也即所谓的“刚需”增长。在此背景下，如果国内城市住房建设速度跟不上人口增长，就可能导致房价的过快上涨。与此相反，随着城镇化进程趋于停止，发达国家城市的人口集聚速度已经变得很小，住房市场很少受到大量新增需求的冲击，房价水平也很少出现剧烈上升（李超，张超，匡耀求等，2012）。因此，人口集聚速度的巨大差异，导致了在同样人口集聚程度的情况下，国内城市的房价收入比要高于发达国家城市。归纳来说，一个城市的人口集聚速度越高，它的房价收入比也会越高。基于此，我们提出假设2。

假设2：城市的人口集聚速度与其房价收入比表现为正相关关系。

为了检证以上两个理论假设，本书选取北京、天津、石家庄、太原、呼和浩特、沈阳、大连、长春、哈尔滨、上海、南京、杭州、宁波、合肥、福州、厦门、南昌、济南、青岛、郑州、武汉、长沙、广州、深圳、南宁、海口、重庆、成都、贵阳、昆明、西安、兰州、西宁、银川、乌鲁木齐等全国35个大中城市作为研究对象。由于需要用到全国35个大中城市的常住人口数据，而这个数据只在全国人口普查年份才能获得，所以本书实证采用的是2010年的数据，这一年有最新的第六次全国人口普查数据。

房价收入比数据来源于上海易居房地产研究院公布的《全国35个大中城市房价收入比排行榜》，如表5-5所示。计算各城市房价收入比时所用的商品住宅价格特指一手房，不包二手房，具体计算公式为：房价收入比 =（商品住宅单位面积价格 × 城镇人均住宅面积）÷ 城镇居民人均年可支配收入。

表5-5　2010年全国35个大中城市房价收入比排名

排名	城市	房价收入比
1	深圳	15.6
2	上海	15.5
3	北京	15.3
4	杭州	14.7
5	海口	14
6	厦门	12.7
7	宁波	11.7
8	南京	11.3
9	天津	10.7
10	福州	10.7
11	太原	10.7
12	广州	9.9
13	哈尔滨	9.4
14	南宁	9.1
15	长春	8.9
16	大连	8.7
17	武汉	8.5
18	沈阳	8.3
19	成都	8.3
20	乌鲁木齐	7.7
21	济南	7.5
22	合肥	7.5
23	重庆	7.3
24	兰州	7.1
25	青岛	7

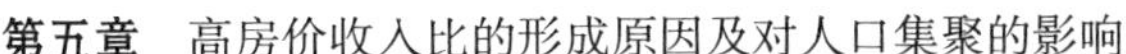

续表

排名	城市	房价收入比
26	郑州	6.9
27	南昌	6.7
28	银川	6.5
29	石家庄	6.1
30	长沙	5.9
31	西宁	5.8
32	昆明	5.7
33	贵阳	5.6
34	西安	5.1
35	呼和浩特	4.4

通常来说，人均 GDP 更高的城市会拥有更好的就业机会、更便利的生活娱乐条件、更完善的交通设施等，也即预期生活收益会更好，所以本书以各城市的人均 GDP（单位：万元）指标表示城市预期生活收益，选取 2010 年的数据。城市的人口集聚程度以各城市 2010 年每平方公里的常住人口数指标来表示，即人口密度（单位：百人 / 平方公里）。城市的人口集聚速度以各城市常住人口数 2000—2010 年的累计增长率指标来表示（单位：%）。全国 35 个大中城市的人均 GDP 数据来源于《中国区域经济统计年鉴 2011》，人口密度和人口增长率指标数据来源于第四次和第六次全国人口普查。

基于前文的理论分析与指标设定，本研究建立如下回归方程：

$$Y_i=c+\beta_1X_{1i}+\beta_2X_{2i}+\beta_3X_{3i}+u \qquad （式 5-1）$$

其中，c 为常数，u 是随机误差，Y_i 表示第 i 个城市 2010 年的房价收入比，X_{1i} 表示第 i 个城市 2010 年的人均 GDP，X_{2i} 表示第 i 个城市 2010 年的人口密度，X_{3i} 表示第 i 个城市 2000—2010 年的人口累计增长率，参数 β_1、β_2 和 β_3 分别表示各自变量的回归系数。

利用最小二乘法（OLS）对式 5-1 进行回归，回归结果如表 5-6 所示。从总体来看，R^2 为 0.55312，统计量 F 值为 12.79028，表示方程的总体拟合效果较好。在 3 个自变量中，城市人均 GDP（X_{1i}）和城市人口密度（X_{2i}）均在 5% 的显著性水平下通过了检验，城市人口增长率（X_{3i}）在 1% 的显著性水平通过了检验，且回归系数都为正。这表明，城市人均 GDP、人口密度、人口增长率均与房价收入比表现为正相关关系。

表 5–6 各变量影响房价收入比的回归结果

Variable	Coefficient	Std. Error	t–Statistic	Prob.
*X*1	0.583005**	0.267515	2.179333	0.0370
*X*2	0.107019**	0.049041	2.182254	0.0368
*X*3	0.042397***			
0.013559	3.126830	0.0038		
c	3.746131***	1.336355	2.803246	0.0086
R^2	0.55312	Adjusted R^2		0.509880
F–statistic	12.79028	Prob（F–statistic）	0.000013	

注：**、*** 分别表示在 5% 和 1% 的水平显著。

为了更好地说明城市人均 GDP、人口密度、人口增长率与房价收入比的关系，我们分别做出全国 35 个大中城市人均 GDP 与房价收入比、人口密度与房价收入比、人口增长率与房价收入比的散点图，如图 5–1 至图 5–3 所示。

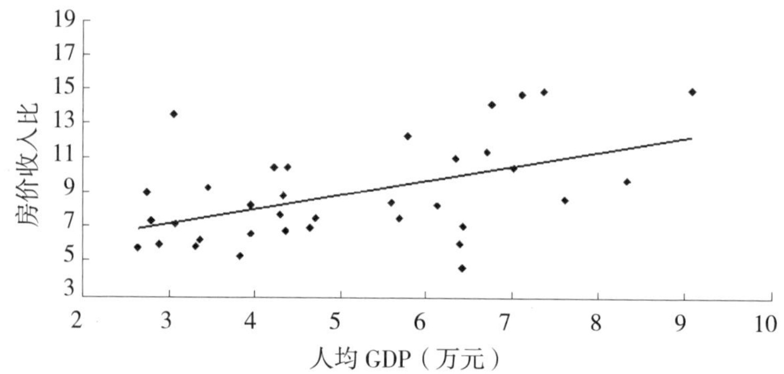

图 5–1 人均 GDP 与房价收入比相关散点图

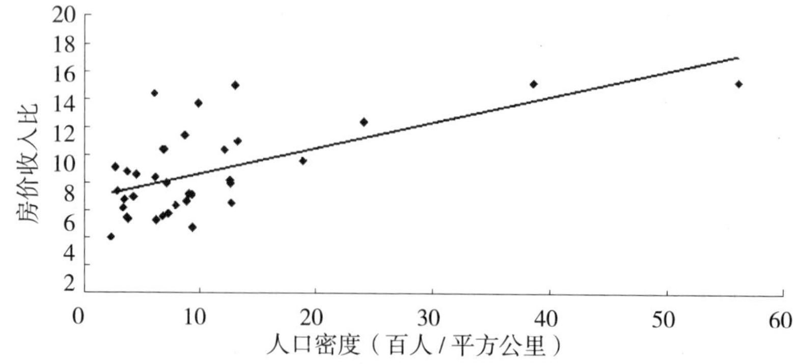

图 5–2 人口密度与房价收入比相关散点图

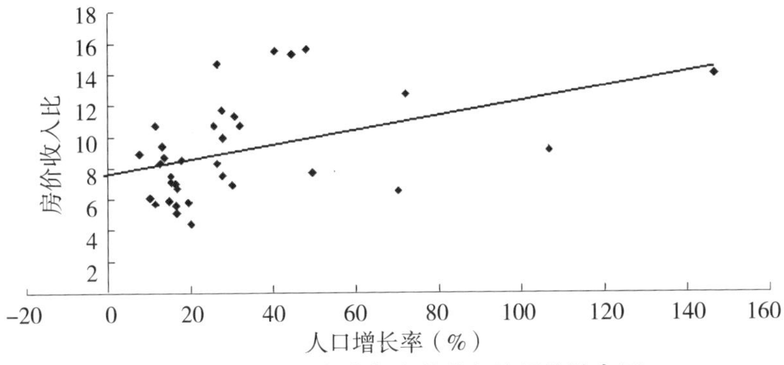

图 5-3　人口增长率与房价收入比相关散点图

如图 5-1 所示，人均 GDP 与房价收入比表现为较强烈的正相关关系，这表明城市的预期生活收益与房价收入比成正相关，假设 1 得到验证；如图 5-2 所示，人口密度与房价收入比表现为较强烈的正相关关系，这表明城市的人口集聚程度与房价收入比成正相关，假设 2 得到验证；如图 5-3 所示，人口增长率与房价收入比表现为较强烈的正相关关系，这表明城市的人口集聚速度与其房价收入比成正相关，假设 3 得到验证。

2. 国际视角下人口集聚与房价收入比的比较

房价收入比是住房价格与居民家庭年收入之比，在两个城市居民收入同等变化的情况下，房屋价格的涨跌往往决定了其房价收入比的高低。在我国，从 1999 年商品房改革以来，城市住房价格已经像发达国家一样逐渐由市场的供求来决定，人口集聚程度引起的住房需求变化成为影响城市房价高低的最关键因素。这样，按道理来讲，与纽约、东京、伦敦等发达国家城市人口密度相近的北京、上海、广州等我国一线城市，应该有与它们比较接近的房价收入比。如表 5-7 所示，北京、上海城区的人口密度与巴黎相近，都在 8000 人 / 平方公里左右，而广州城区的人口密度与伦敦接近，在 5000 人 / 平方公里左右。但现实情况是我国一线城市的房价收入比要远远高于那些国际大都市，这看似不合理的地方，其实反映的是大家通常容易忽略的中国因素。

表 5-7　国内一线城市与国际大都市的人口与经济集聚比较（2010 年）

	面积（平方公里）	人口密度（人 / 平方公里）	人口增长率（2000—2010 年）	地均 GDP（万元 / 平方公里）	房价收入比
北京（东城、西城、朝阳、丰台、石景山、海淀）	1 368	8 562	44.54%	103 170	15.3
上海（黄浦、卢湾、徐汇、长宁、静安、普陀、闸北、虹口、杨浦、闵行、宝山、浦东新区）	2 142	7 643	43.15%	80 140	15.5
广州（荔湾、越秀、海珠、白云、黄浦、天河、番禺）	1 951	4 864	27.76%	55 091	9.9
纽约（全市）	1 214	6 886	2.2%	870 676	6.5
东京（都市区）	2 188	6 027	8.33%	489 712	6.8
伦敦（大伦敦）	1 577	5 191	11.6%	281 425	8.8
巴黎（巴黎市 + 内三省）	762	8 163	5.12%	566 798	8.5

注：考虑到不同城市的郊区范围不一样，为了更准确地进行比较，表中数据选择的范围是括号中的城区。国内城市房价收入比数据来源于上海易居房地产研究院的研究报告，国外城市房价收入比是作者在收集各城市官方数据的基础上，根据上海易居房地产研究院的房价收入比公式计算而来，公式为：房价收入比 = 房屋均价 × 人均住宅面积 ÷ 人均年收入，其中，为了更好地进行横向比较，人均住宅面积统一设定为 30 平方米 / 人。其他国内城市的数据来源于各城市《2011 年统计年鉴》，人口密度与人口增长率指标用的是常住人口数据，国外城市数据来源于作者收集整理的官方公布数据。

一是我国仍处于高速城镇化进程中。2012 年，我国城镇人口占总人口的比例为 52.57%，比发达国家 80% 左右的稳态城镇化水平低得多，每年都会有大量农村人口向城市迁移，尤其是向就业机会更多的大中城市迁移。

二是我国近年的高校扩招导致每年都有大量高校毕业生涌入大中城市就业及居住。从 2002 年起，扩招后的大学生开始陆续进入就业市场，当年的高校毕业生达到了 133.73 万人，比上一年增长 29.05%，2003 年上升到 187.7 万人，增长 40.36%，一直到 2008 年都维持了 14% 以上的增长率，2012 年的应届毕业生人数已经达到 624.73 万人。这是发达国家没有的现象。

三是我国计划生育政策造成农村人口出生率要远高于城市，这为不断持续的城乡人口迁移提供了源泉。当前的城镇化率变化指标其实低估了我国真正的城乡人口流动，由于农村人口出生率更高，就算城镇率不变，实际上也有大量农村人口流入了城市。按照我国 2010 年施行的计划生育政策，

由于处罚措施严格（工作与计划生育挂钩，处罚金额巨大），城市居民大多是一对夫妇只生一个孩子，而在农村，如果第一胎是女儿，一对夫妇本来就可以合法地生两胎，而且由于受处罚的成本很低（很多地方都是超生1个孩子罚款几千到一两万元，甚至有些干脆不缴纳罚款），违规生三胎、四胎的现象也极为普遍。

这些因素有一个共同的特征，就是都促进了人口的动态集聚，也即它们使得我国大中城市的人口增长速度很快，城市发展一直处于人口动态集聚的过程。与此相反，国外大都市基本上都已经处于一个人口稳态发展的阶段，人口增长率较低。如表5–7所示，从2000年到2010年，北京、上海、广州等城市的常住人口分别增长了44.54%、43.15%和27.76%，而纽约、东京、伦敦和巴黎的人口增长率只分别有2.2%、8.33%、11.6%和5.12%。人口集聚速度的巨大差别实际上导致了住房需求的差异，我国大中城市不断面临着大量迁移人口带来的新增住房需求，在城市住房建设速度无法跟上的情况下，过多的人去追逐过少的房子，房价就必然会超出居民收入的承受水平而过快上涨，形成较高的房价收入比。另一方面，发达国家城市的人口动态集聚速度较慢，住房市场很少受到大量新增需求的冲击，房价水平多数时候会处于居民收入的承受范围内，形成相对较低的房价收入比（如表5–7所示）。北京、上海的人口增长率最高，其房价收入比也是远超出其他城市。

（三）经济集聚之解释

经济集聚程度是影响一个城市房价收入比的另一个重要因素，越是经济集聚程度高的城市，其居民就享有越高的收入，对房价的承受能力就越强，在同等条件下显示出来的房价收入比会相对较低。决定一个地区经济集聚程度高低的因素有很多，其中最关键有三个，一是产业结构，二是人口素质，三是竞争制度，而我国大中城市在这三方面都落后于国际大都市。

在产业结构上，高附加值的第三产业已经成为当前世界经济发展和国际竞争的焦点，越是经济集聚程度高的城市，其第三产业的比重就越高，如纽约、伦敦、东京等国际大都市的第三产业比重都已经超过了90%。而我国一线城市中发展最快的北京市的第三产业比重才达到 76.9%，上海、广州的第三产业占比只为 62.2% 和 64.62%。同时，第三产业不同行业的附加值差异也非常显著，北京市人力资源研究中心报告显示，纽约、伦敦、东京有 50% ～ 55% 的从业人员集中在高科技、金融和文化创意这 3 个产业中，北京的此项数字则只有 17% 左右。

在人口素质上，我国仍处于高速的城镇化进程中，每年都有大量农村人口向城市迁移，而这些人口大多属于中低端劳动力。这导致我国要素禀赋结构的特征是劳动力丰富而资本缺乏（包括人力资本缺乏），经济发展的比较优势仍在低附加值的劳动密集型产业，由此城市的经济集聚程度很难达到发展技术密集型产业的国际大都市的水平。

在竞争制度上，第三产业也即服务型经济的发展是建立在高度分工和专业化基础上的，与制造业相比，服务活动本身具有无形性、多样性、信息不对称性和事后评估等特点，市场主体之间有更为复杂的合作联系和更为频繁的交易关系，道德风险和逆向选择的可能性更大，这决定了服务型经济的发展需要更为严谨、高效的交易制度安排，更加规范、严格的商业规则和服务标准，以及更加有效、公正的法治环境，而这是我国相对比较缺乏的。

为了对不同城市的经济集聚程度进行比较，我们以地均 GDP 指标来代表城市经济集聚程度的大小，经济集聚程度越高的城市将有越大的地均 GDP。如表 5–7 所示，北京、上海和广州的地均 GDP 分别为 103 170 万元、80 140 万元和 55 091 万元，在国内是名列前茅的，但与国际大都市相比，它们的平均数却分别只是纽约、东京、伦敦和巴黎人均 GDP 的 9.13%、16.23%、28.24% 和 14.02%。这表明，国内大中城市的相对经济集聚程度还是非常低，因此城市居民的收入也远低于国际大都市。在这样的背景下，再加上我国大中城市的人口集聚程度和速度都不低于甚至远高于国际大都市，拉动了房价的过快上涨，就容易出现我们所看到的低收入、高房价现象，表现在指标上就是各大中城市畸形高的房价收入比。如表 5–7 所示，人口增长率最高而地均 GDP 较低的北京与上海的房价收入比最高，达到 15.3 和 15.5，广州的人口增长率低于上述两个城市，而地均 GDP 又稍高于它们，

因此房价收入比也较低，为 9.9。相比来说，纽约、东京、伦敦和巴黎等国际大都市的人口增长率远低于国内大中城市，而地均 GDP 又远高于它们，因此房价收入比更低，其中，纽约的人口增长率最低，而地均 GDP 最高，其房价收入比也最低，为 6.5，伦敦的人口增长率较高，而地均 GDP 较低，其房价收入比也较高，为 8.8。

三、高房价收入比对人口集聚的影响

人们向不同城市集聚，比较的往往是各城市生活的“性价比”，也即城市生活的成本与收益，哪个城市生活的“性价比”高，人口就会向哪个城市流动。在一个较均衡的状态下，各城市生活的“性价比”应该是差不多的，不然总会有人口不断地向“性价比”更高的城市流动，直到差别慢慢缩小。房价收入比是衡量城市生活成本的最重要的指标，其不仅反映的是城市居住成本，还反映了租金水平及由其引起的物价水平。人们能够忍受一个城市较高的房价收入比，常常是因为他认为在那个城市生活可以获得比其他地区更大的收益，如更多更好的就业机会、更便利的生活娱乐条件、更完善的交通设施、质量更高的文体卫生条件等。

（一）成本分析

高房价收入比无疑会对从农村或中小城镇迁移进大中城市生活的居民产生大的影响，它从居住和消费两方面提高了城市迁移者的生活成本。

首先，大大提高了迁移者的居住成本。如果是以上一代农民工（主要是指“60 后”“70 后”农民工）为主的迁移者，则高房价收入比可能对他们的居住成本影响不是很大，因为他们大多是将就地住在条件较差的工地，或十几个人住在很便宜的集体宿舍（农民房），赚够钱后回家建房子，城市对于他们来说只是一个暂时谋生的地方，农村才是他们真正居住的家。然而，目前新生代农民工（主要是指“80 后”“90 后”农民工）已经占到农民工总数的 60% 以上，与上一代农民工不同，他们受教育水平较高（高校扩招的政策使得他们中相当一部分人已经具备了大专以上学历），思想开放，渴望融入城市。随着户籍限制的逐步放开，他们到城市打工不是为了赚钱回家生活，而是要赚钱在这个城市里生活，他们要求的居住条件更高，很多在社区里面租房住，或者赚够钱了就在城里买房，想长期生活在所工作的城市。再加上一些中小城镇的新生代迁移者，这形成了目前人口往我国大中城市集聚的主力，他们受高房价收入比的影响就直接体现在居高不下的居住成本上。

其次，大大提高了迁移者的消费成本。本来，如果各地的房价水平一样，也即商铺租金成本一致，各类日常生活消费品在出厂销售到全国各地时，同一商品在不同地区的价格差异应该是很小的（假定不存在价格歧视行为），有一定差异也只是因为运输成本不同。然而，加进与房价相关的租金成本后，不同地区或城市消费品的物价水平就往往相差甚大。高房价收入比有一种类似于通货膨胀的传导效应，它导致高租金水平，然后高租金水平使得消费品的物价上升，物价水平的普遍上升又使得销售者的生产成本上升（雇用人员的工资费用），生产成本上升再使得消费品价格又上升，以此循环。这样，再加上与房价租金水平相关性更高的服务类消费产品，高房价收入比形成了自我强化路径，直接导致大中城市的迁入者需要承担比原迁出地更高的生活消费成本。近年来，随着我国大中城市房价收入比不断上涨，其生活消费成本也不断提高。据美国著名咨询公司美世公司（Mercer）发布的《2009 年全球生活成本》调查报告显示，入榜的中国城市的生活成本均呈现大踏步前进趋势，北京由第 20 位上升至第 9 位，上海从第 24 位前进至 12 位，深圳、广州分别从 2008 年的第 61 位和第 70 位跃升至 2009 年的第 22 位和第 23 位。在这份号称全世界最全面的调查中，调查者选取了全球 6 个大洲的 143 个城市作为调查对象，对各个地区 200 多个项目的花费进行了比较，其中包括了交通、食品、服装、家用品、娱乐等消费项目。

（二）收益分析

虽然高房价收入比使在大城市的生活成本高，但从另一个角度看，大城市拥有更完善的基础设施和生活设施、更多的就业机会、更好的卫生医疗条件、更好的文化环境。虽然在这些地方的生活成本高了点儿，但这些代价也许是值得的。

第一，更完善的基础设施和生活设施。高房价收入比的城市如北京、上海、广州等往往在城市基础设施建设上比其他城市更完善，就例如最便捷的交通工具地铁，在很多二线城市正在陆续建设中时，北京已经有 17 条线路在运行，上海 16 条线路紧随其后，广州则有 9 条线路。在生活设施方面，高房价收入比的一线城市拥有的大型超市、超级大卖场、商业广场、批发市场、剧院影城、酒吧歌厅等也要远多于其他城市，其居民的生活便利性很高。通常国内生产总值（GDP）越高的城市，其基础设施和生活设施就越完善，因此我们以一个城市的 GDP 来代表其基础设施和生活设施的完善程度，采用2010年全国35个大中城市的样本数据进行实证，结果发现，越是高房价收入比的城市，其 GDP 会越高，也即拥有越完善的城市基础设施和生活设施，两者呈正相关关系（如图 5–4 所示）。

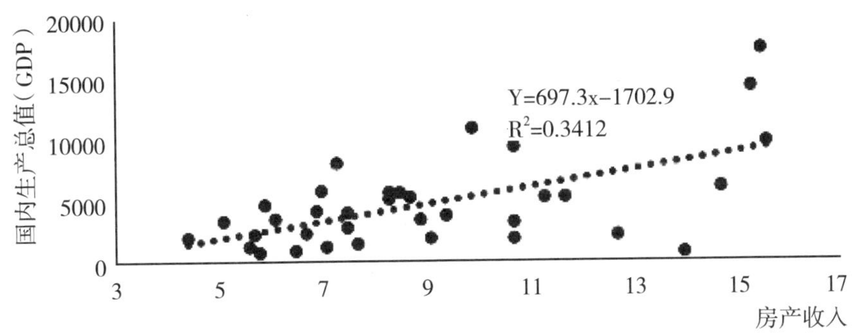

图 5–4　房价收入比与 GDP 散点图

注：数据来源于《2011 年中国城市统计年鉴》和上海易居房地产研究院发布的 2010 年“全国 35 个大中城市房价收入比排行榜”，下同。

第二，更多的就业机会。高房价收入比的城市由于集聚了更多的经济资源、产业资源，在创造就业机会方面也普遍表现更好，根据北京大学教育经济研究所 2013 年对我国东、中、西部地区 21 个省份的 30 所高校的 15060 份有效问卷的统计结果显示，流入省会城市或直辖市工作的毕业生占 52.6%，在地级市工作的占 33.4%，在县级市或县城工作的占 11.2%，在乡镇工作的占 2.2%，在农村工作的占 0.5%。我们以一个城市

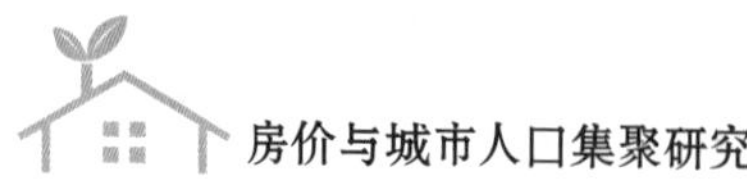

的单位从业人员数来表示其创造的就业机会数，采用全国35个大中城市的2010年样本数据进行实证，结果发现，越是高房价收入比的城市，其单位从业人员数会越多，也即提供了越多的就业机会，两者呈正相关关系（如图5-5所示）。

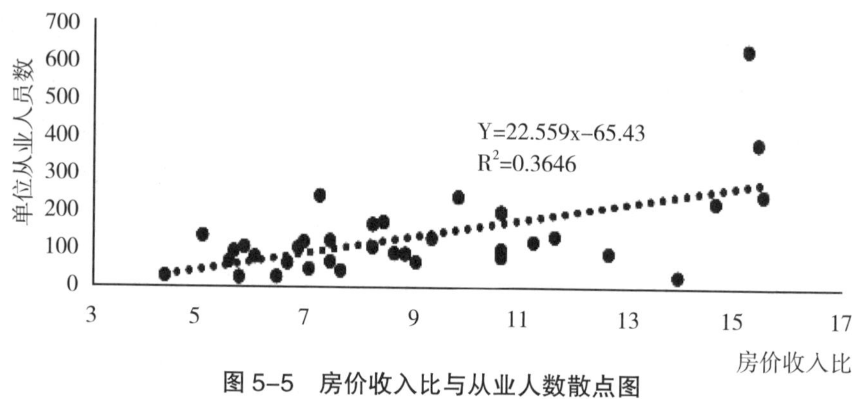

图5-5 房价收入比与从业人数散点图

第三，更好的卫生医疗条件。由于在我国大多数大型的三甲医院都是省级政府部门和高等院校的附属医院，它们拥有最好的医疗设备和最高水平的医生，而这些省级政府部门和高等院校都集中在高房价收入比的省会城市或直辖市，因此往往会形成越是高房价收入的城市，其卫生医疗条件越好的局面。我们以一个城市的医生人数（执业医师和执业助理医师）来表示其卫生医疗条件的好坏，采用全国35个大中城市的2010年样本数据进行实证，结果发现，越是高房价收入比的城市，其从业医生人数会越多，也即拥有越好的卫生医疗条件，两者呈正相关关系（如图5-6所示）。

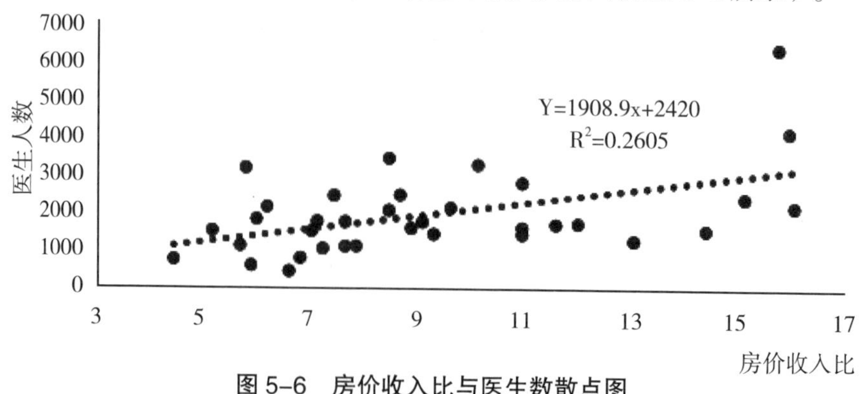

图5-6 房价收入比与医生数散点图

第四，更好的文化环境。在我国，政府很大一部分财政收入来源于卖地，越是高房价收入比的城市，政府的卖地收入越高，也就越有财力进行公益性文化事业如图书馆、艺术馆、美术馆、博物馆等以及中小学教育方面的投入，使城市的文化环境变得更好，因此往往表现为高房价收入比的城市拥有更好的文化环境。我们以一个城市每百人公共图书馆藏书来表示其文化环境的优劣，采用全国35个大中城市的2010年样本数据进行实证，结果发现，越是高房价收入比的城市，其公共图书馆藏书越多，也即拥有越好的文化环境，两者呈正相关关系（如图5-7所示）。

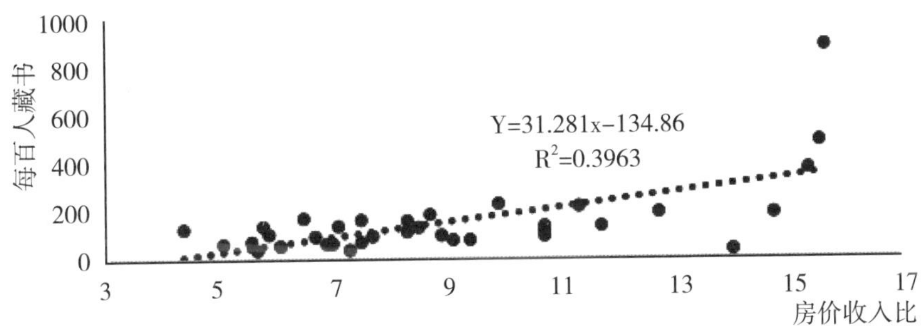

图5-7　房价收入比与图书量散点图

（三）影响结果验证

人们向全国各城市特别是大型城市集聚，往往都是理性分析比较各城市生活的“性价比”后的选择。所谓“性价比”，是指居民在一个城市生活的收益减去成本，收益越大，成本越小，其“性价比”也就越高，人口总是偏向于迁移进“性价比”高的城市。但在现实中，由于人们的自由迁移流动及市场竞争机制在起作用，生活收益很大而成本很小的城市几乎不存在，生活成本低的城市总是伴随着工作机会少、收入低、交通不便利、卫生医疗条件差、娱乐设施少等问题，而生活成本高的城市，也即高房价收入比的城市，往往却有便利的生活设施和交通设施、众多的就业机会、完善的卫生医疗条件、良好的文化教育环境等。

那么，到底近年来我国大中城市不断上涨的房价收入有没有对其人口集聚产生影响？我们需要用全国房价上涨最快的35个大中城市的样本数据来进行验证。由于常住人口数据更能反映一个城市的人口集聚程度，而在2000年和2010年的人口普查和2005年的人口抽样调查中才有比较全面的常住人口数据，因此我们采用2000—2005年和2005—2010年的常住人口变化数据来检验各大中城市房价收入比高低对其人口集聚进程的影响，并对两者进行比较。首先是2000—2005年，这一阶段各大中城市的房价收入比都还不是很高，到2005年，上海的房价收入比最高也只为10.9，其次是北京的9.1。如图5-8所示，从全国35个大中城市的房价收入比与常住人口增加量的散点图看，房价收入比与常住人口增加量成正相关关系，也即越是房价收入比高的城市，其吸引流入的常住人口量越大，较高的房价收入比对各大中城市的人口集聚并未构成负面影响。

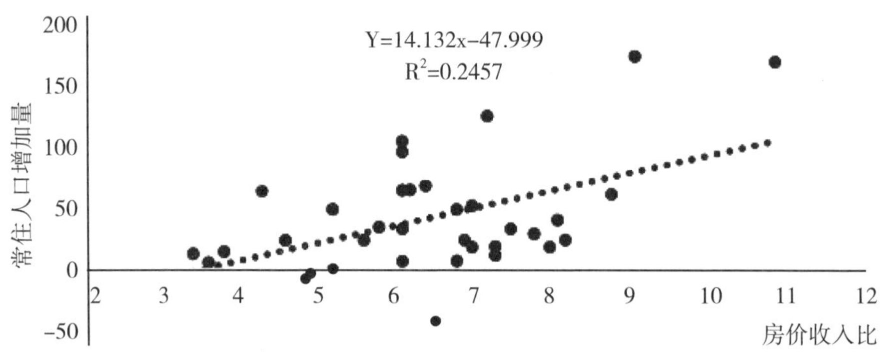

图5-8 房价收入比与常住人口增加量散点图（2000—2005年）

注：常住人口数据来源于第六次全国人口普查，房价收入比数据来源于上海易居房地产研究院发布的2010年“全国35个大中城市房价收入比排行榜”，下同。

其次是2005—2010年，这一阶段各大中城市的房价收入比快速上升，形成大家热切关注的高房价收入比，到2010年，上海的房价收入比已经上涨到15.5倍，而北京上涨到15.3倍，深圳上涨到15.6倍。那么，这种更高的房价收入比对城市的人口集聚是否产生负面影响？如图5.9，从全国35个大中城市的房价收入比与常住人口增加量的散点图看，房价收入比与常住人口增加量依然表现为正相关关系，而且相关系数R2由

2000—2005 年时 0.2457 上升到了 0.3793，也即越是房价收入比高的城市，其吸引流入的常住人口量越大，更高的房价收入比对各大中城市的人口集聚不但没构成负面影响，还由于其伴随带来的更多收益如更完善的生活设施、更多的就业机会、更好的卫生医疗条件和文化环境等，更吸引人口集聚。

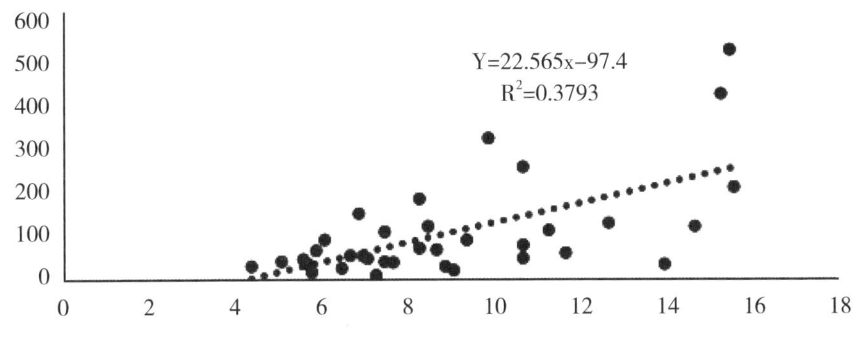

图 5–9 房价收入比与常住人口增加量散点图（2005—2010 年）

总体来说，高房价收入比既给向大城市迁移的农村居民和中小城镇居民带来了较高的生活成本，又不断地创造更高的收益来吸引这些人群进一步向大城市集聚，使得他们明知大城市的工作压力大、生活成本高，但仍然不停地从四面八方冲进大城市。可以说，在目前的中国，高房价收入比虽然提高了城市居民的生活成本，并引起重要关注，但人口集聚的城市化大潮并未受到负面影响。

四、结论与建议

近年来，随着我国房价不断上涨，很多大中城市的房价收入比都远超过了国际上认为的合理范围，并引起学界的重要关注。然而，却很少有学者真正去探究我国大中城市形成高房价收入比背后的深层原因，以及其对我国当前城市化背景下的人口集聚进程的影响。本书则从我国特有的经济社会制度因素出发，通过将我国一线城市与纽约、东京、伦敦、巴黎等国际大都市在人口集聚与经济集聚两方面的情况进行比较，认为与国外大都市人口稳态发展和人口增长率低的状况不同，我国特有的高速城镇化、高校扩招、计划生育政策等因素使得大中城市近年的人口增长速度很快，城市发展一直处于人口动态集聚的过程，不断面临大量迁移人口带来的新增住房需求。在城市住房建设速度无法跟上的情况下，过多的人去追逐过少的房子，再加上经济集聚程度不高导致居民收入相对较低，我国大中城市房价就必然会超出居民收入的承受水平而过快上涨，形成较高的房价收入比。这表明，我国城市高房价收入比的形成有其内在的制度原因，单纯地要求政府控制房价并不能解决房价上涨过快的问题，政府需要做的可能更多的是从制度上调整一些不合理的政策，如高校过度扩招政策等，同时加快引导城市的产业转型升级，促进城市经济集聚快于人口集聚。

一是松绑城市中与住房挂钩的诸多福利制度安排，让租房成为年轻人的轻松选择。当前，我国越来越多的年轻人加入买房“大军”，据链家地产市场研究中心与光大银行 2010 年合作完成的一份报告显示，北京首套房贷者的平均年龄只有 27 岁，而在英国为 37 岁，在德国和日本为 42 岁（向楠、邢赫男，2012）。国内年轻人过早买房，除了面子和传统观念的影响，更主要的原因是住房与太多城市的福利制度捆绑，不买不行，如与户口捆绑，户口又与结婚、小孩教育、劳动就业、医疗、养老等挂钩。在很多城市，一些将户籍、档案挂靠人才市场的年轻人，如果需要结婚生子，就必须通过买房在较短的时间内将户口迁出，人才市场的集体户口是不允许他们结婚生子的。据不完全统计，广州目前有数十万集体户，一旦他们没有房产和直系亲属，结婚、生育就成为一个令他们头痛不已的问题（王道斌，2006）。而在日本，据民间机构日本生活研究所的一项调查显示，东京 91.5% 的年轻人都是租房结婚，大部分日本年轻人认为幸福和是否买房没有关系，租房让他们的生活更加自由灵活，学习和事业发展的机会更多。因此，减缓国内城市偏高的房价收入比的不利影响，关键是松绑城市中与住房挂钩的诸多福利制度安排，让年轻人不买房也可以享受到城市平等的福利待遇，通过租房也可以生活得很幸福。

二是加快产业转型升级，促使城市经济集聚快于人口集聚。产业结构

是影响城市人口规模、人口素质和人口空间布局的重要因素，其对城市的经济集聚程度也有重要影响。发达国家城市的产业结构都经历了从城市化初期的劳动密集型向资本、知识密集型逐步过渡的过程。资本和技术密集型产业代替劳动力密集型产业在城市高度聚集，一方面提高了城市的经济集聚程度，另一方面也降低了城市人口集聚的速度，甚至减少人口总量，使得城市房价收入比回归合理。因此，当前解决很多大城市房价收入比偏高问题的关键措施是加快调整城市产业结构，使大批劳动力密集型企业和一些重化工业相继迁往郊区、中小城市，而以金融保险业、都市型工业、信息传输和计算机软件业、科研技术服务业、文化体育和娱乐业等为主的资本和技术密集型产业在城市聚集，实现城市的产业转型升级。

另外，我国大中城市的高房价收入比从居住与消费两方面增加了从农村或中小城镇迁移进大中城市的移民者的生活成本，但本书采用全国 35 个大中城市数据进行实证的经验结果表明，它对各大中城市人口集聚的城市化大潮不但没构成负面影响，还由于其伴随带来的更多收益，如更完善的生活设施、更多的就业机会、更好的卫生医疗条件和文化环境等，更吸引人口向城市集聚。这表明，高房价收入是城市人口集聚带来的成本，但只要人口集聚带来的经济收益更高，也即经济集聚度高于人口集聚度，那么，人口向城市集聚流动的结果就不会变，人口聚集推进经济聚集，反过来再刺激人口城市聚集，这就是城市化的动态进程（周其仁，2012）。

第六章　结论与政策建议

一、如何看待高房价：人口素质与城市资源质量提升的结果

从本书的理论与实证分析结果来看，当前我国大中城市的高房价基本上反映的是人口素质和城市资源质量快速提升的结果，有其合理性。

（一）扩招形成的大规模高素质人口迁移为城市房价上涨提供了源源不断的刚性需求

我国大中城市房价的上涨是随着高校扩招政策的实施而发生的。与20世纪90年代人口迁移的主力——老一代农民工不同，新生代迁移大学生的高学历、高购买力、追求高品质生活、自由迁移能力强等特征决定了他们会成为城市房屋“刚需”的来源。高校扩招政策的实施则使得他们在近十年内迅速演变成为城市迁移人口的主力。1999年以后至2004年，高校每年的扩招幅度都超过17%，特别是1999年和2000年分别达到42.86%和42.46%，2005年起的随后几年，虽然扩招增速下降，但由于基数扩大了，扩招的绝对数仍然很大。高校扩招的一个直接结果就是，每年都有越来越多的高校毕业生迁移进大中城市就业、生活和居住，从2001年到2016年，我国的普通高等学校毕业生数增长了超过5倍。从需求的角度看，这么大

规模的高素质人口迁移对城市房价的影响将是巨大的，他们已经成为影响我国城市房价的主力群体。采用全国35个大中城市面板数据的实证结果也表明，在所有变量中，高校毕业大学生的迁移集聚对城市房价的影响最为巨大。

（二）房价是城市房屋及其一系列资源的价格，房价上涨反映了近年来我国城市资源质量快速提升的信号

当前，我国一、二线城市的高房价是有其合理性的，因为这些城市的就业资源、医疗卫生资源、教育资源、生活设施资源等最为丰富，而购房是获得这些资源收益的最重要、甚至唯一的途径，房价实际上已经成为房屋和这一系列城市资源的价格。越是资源质量高的城市，买房者从房屋中所获得的城市资源收益就越高，它的房价相应地也会越高。特别是，我们可以发现，那些天价房基本上都是极好的学位房，房屋面积还特别小，学位的巨大价值依附于不同面积的房屋上，当然是面积越小的房屋价格越高。就如之前中国之声《新闻纵横》报道的，位于北京西城区文昌胡同的一间11平方米平房，因属于北京最著名的小学之一实验二小的学区房，并地处实验二小隔壁，最终以530万元的价格成交，每平方米价格达到46万元人民币，这个天价当然大部分是属于学位资源的价格，而不是那个破旧平房的价格。因此，我们不能纯粹以房屋的价值或者居住的权利来看待房价，而应该更多地从其背后所能享受的资源收益来综合评估房价，判断其是否合理。从35个大中城市的实证结果来看，当前房价的快速上涨，更多地反映的是城市资源质量的上升，并不是城市的房屋价格不合理，而是享受城市各种高质量资源的价格越来越高。

二、如何调控房价：房屋与城市资源分离定价

一直以来，政府调控房价的主要手段都是限购、限贷和限价，利用控制需求的方法来打压房价，但效果都不甚理想。根据本书的理论分析，调

控效果不理想，是因为房价代表的是城市资源的价格，某个城市政府越是打压房价，就意味着该城市的资源价格越便宜，相对收益越高，人们就会往该城市迁移集聚，结果在后期人们对房屋的需求反而更进一步增加，房价自然迎来爆发性上涨。实际上，从人口迁移集聚的需求动力来看，要想真正实现房价调控目的，让房子回归到“是用来住的、不是用来炒”的定位，关键在于采取措施使得房价尽量体现的是房屋本身的价格，而不是城市一系列资源的价格。也就是要实行房屋与城市其他资源权利的尽可能分离，使得购房时尽量少支付其他捆绑资源的价格。

（一）对于一些难以直接实行与房屋分离定价的城市资源，创造条件减少捆绑销售程度

在现实中，城市房屋的很多捆绑资源是无法分离的，像大型超市、娱乐场所、饭店、旅馆等各种便利的生活资源往往都集中在城市的中心区域，购买这些区域的房子自动就能享受这些生活资源的收益，房价本身就会包括这些资源的价格。虽然如此，但是我们能创造条件减少这些资源与房屋的捆绑程度，以尽量少支付捆绑资源的价格，从而降低房价。比如，进一步完善城市内部及城市间的交通基础设施，通过地铁、轻轨、动车或发明其他更快速便捷的交通工具缩短区域间的出行时间，这就可以在一定程度上降低房屋与其周围的生活、就业、医疗资源的捆绑程度。因为这意味着很多人不需要在中心城区购房，也可以在快速交通的帮助下享受中心城区的众多资源收益。想像一下，不考虑学位资源的因素，如果有一种高速交通工具可以实现在十分钟内从北京郊区到达北京中心城区，那么，很多上班的白领甚至金领需要在北京中心城区买房吗？用同样的价格，他们完全可以在郊区买到更舒适、更大的房子，而照样享受中心城区的各种资源收益，房屋已经大大降低了与其周围众多资源的捆绑程度。最终，这会导致人们对中心城区房子的需求降低，房价自然下降。

（二）对于一些可以直接实行与房屋分离定价的城市资源，采取措施取消捆绑销售

在现实中，对城市房价影响最大的因素就是教育学位资源，公办学位与房屋捆绑销售，导致了诸多天价房的出现。那么，教育学位资源是否可以不和房屋捆绑在一起销售呢？表面上来看，目前学位与房屋捆绑销售的理由是，小孩需要就近入学，可以方便家长接送及减少交通意外危险，然而，细想这个理由并不成立，因为就近入学完全可以通过暂时租房来实现，并不一定需要购房。比如，如果只要住在文昌胡同附近的，无论是租房或购房，都可以选择入读北京著名的实验二小，那么，相信很多人都会到附近租房住，而不是购买那些无法居住的破旧平房。另外，很多民办小学招生并没有对招生对象作有邻近居住地的要求，也直接否定了这个理由。实际上，学位之所以要与房屋捆绑销售，是缘于九年义务教育是免费的，免费却有巨大质量差异的教育资源要进行分配，必须要有分配准则。捆绑销售其实是为了推行价格分配的准则，谁能付得起高的房价，谁就能享有好的学位资源。这里我们要探讨两个问题。

一是，除了价格，是否有其他更好的分配准则，可以公平分配不同质量的学位资源？价格分配准则最引起非议的地方就是，越富有的人越能买得起高价学位房，也就得到越好的教育资源，对穷人造成不公平。现实中其实还存在另一种分配准则，它能更好地给穷人机会，那就是分数准则。目前我国的高中、大学阶段就是以分数为准则来决定学生在哪个学校就读，以前的初中阶段也是以分数为准则来决定，谁的分数高谁就可以入读更好的学校。至于小学阶段，实际上也可以采用分数为准则，类似于当前众多优质民办小学的做法，直接由学校以面谈、游戏的方式出题考察选拔学生。然而，以分数为分配准则也会受到争议，特别是在小学阶段，为什么学习差的小孩就要读差的学校？过早地拼分数是否会不利于小孩的素质教育？到底哪种分配准则比较好？这是涉及价值观的问题，经济学并无法回答，但如果政府和民众觉得房价太高，那么，将学位由价格分配准则转变为分数分配准则，则会相当于直接解除了房屋与学位的捆绑销售，很多学位房的价格一定会大幅下降。

二是，既然捆绑销售是为了实施学位的价格分配准则，那么是否可以直接将学位明码标价进行分配，也即好的学校收高价学费，而不需要与房屋捆绑销售？理论上是可以的，就像民办小学一样，越是优质的民办小学，所收的学费就越高。但在现实中不可行，因为九年义务教育是免费的，如果公办学校直接收学费，不就与《中华人民共和国义务教育法》中关于义务教育的公益性、统一性和义务性相背离了吗？虽然房屋与学位捆绑销售实质上也相当于好的学校收了高价学费，只是学费变为了房价，但这毕竟不是直接体现出来，不违反《教育法》。因此，只能采用变通的做法。一个可行的方案是，对于特别优质的教育资源，仍然实行价格分配准则，允许直接按市场价格收学费，不再与房屋捆绑销售，而对于大部分普惠性的教育资源，则实行免费甚至补贴政策。因为特别优质的教育资源本来就不应该是普惠性质的，国家和地方政府的财力也不可能做到让每个人都免费享受最优质的教育资源，保证每个人都有机会接受基本的义务教育才是政府的责任。要做到这一点，政府需要对当前的教育财政拨款进行重新分配，不再区分民办和公办，而是按照招生人数（本市户籍适龄儿童）给予学校财政拨款，增加学校间争夺生源的市场竞争。如果把政府给每个生源的财政拨款视作学费补贴，那么这个财政拨款的标准应该等于在市场竞争下形成的中等或中等偏上水平（视财政预算情况）学校所收的学费。这样，对于广大学生来说，最终会形成上等教育资源要收学费、中等或中等偏上教育资源完全免费、下等教育资源则享受学校补贴的局面。另外，此政策实施所带来的学校间争夺生源的激烈竞争，还会在总体上大幅提升目前的教育资源质量。

三、如何利用房价：发挥房价对城市资源与人口分布的调节作用

房价作为一种市场手段，将对城市资源分配与人口迁移分布起到调节作用。

（一）房价是目前为止调节城市资源分配的最有效的工具

房价已经成为调节城市资源分配的一种手段，谁出价更高，谁就能享有更好的房屋及其附带的教育、医疗卫生、生活、就业资源。这带来了两大效果。一是，为了享有城市众多资源的收益，人们会增加劳动供给，努力去赚钱买房，导致社会产出增加；二是，在房价上涨的情况下，房产商建造新房屋的积极性被极大程度地激发起来，房屋的供给量大幅增加。这两大效果对社会总体是有利的，使得社会财富极大增长，但也带来不好的方面，那就是财富的分配不均，多劳动、会赚钱的人分配到了更多的新增财富。我们要问的是，是否还有更好的调节城市资源分配的手段？既可以不断增加社会总财富，又可以实现公平分配。从现有的历史实践来看，答案是没有。我国曾经也采用过其他准则来对城市房屋及其附带资源进行分配，比如 1998 年住房改革以前，我国实行的就是福利分房，分配房屋及其附带资源的方式是按资历、按排队先后、按职位高低、按关系大小等，但那时的分配并没有让人觉得公平，争议不间断。在当时，只有体制内的少部分人能享受到城市住房及其附带的众多资源收益，体制外的大多数人根本无法享受，更不用说，当时占我国人口 70% 比例以上的广大农村人口根本都没资格享受分配。而且更为关键的是，这些分配准则非常缺乏效率，房产商赚不到钱，缺乏积极性，新房建造的速度就慢，人们无法通过赚钱来大幅改善生活水平，就不会拼命增加劳动供给，社会产出增长速度也减缓。我国近 30 多年来的改革经验证明，发挥市场在资源配置中的决定性作用，是我们在众多领域取得令人瞩目成就的重要原因。而房价作为调节城市资源分配的一种手段，正是以价格为准则的市场在城市房屋及资源分配上起到了决定性作用，它让更多的老百姓拥有了城市住房，并得以享受住房附带的众多资源收益。因此，我们不能因为房价高引起的一些抱怨和矛盾，就放弃这一手段，而是要继续完善发挥房价对城市房屋及资源分配的调节作用。

（二）房价可以有效调节我国地区间人口分布

人们迁出或迁入一个城市都是理性选择的结果，每个人都会选择对于自身性价比最高的城市工作和生活，也即，哪个城市工作和生活的成本低、收益高，人们就会向哪个城市流动。然而，如果没有房价的成本约束，按照人们趋利的本性，绝大部分人口都会选择向一线大城市迁移集聚，也即人口越多的地方越吸引人口的进一步集聚。因为人口集聚本身会形成规模效应的收益，正如萨伊在《政治经济学概论》（1803）中所提到，在一个城市中，劳动者供给越多，他们得到的收入就越高，创造的需求就越大，整体经济就越繁荣，每个人所能享受到的各种经济资源就越多，获得的收益就越多。例如，我们会发现，越是人口集聚的地方，会有越多的大型超市、娱乐场所、饭店、旅馆、教育机构、培训中心等各种便利的设施资源，还有越多的创业和就业的机会资源。实际上，正是人口集聚推进了经济资源的集聚，经济资源的集聚反过来再刺激人口集聚。可以相信，如果能免费得到北京、上海、广州、深圳等大都市的各种良好的教育、就业、医疗、生活资源，全国没有多少人会拒绝迁移。然而，现实中正是由于房价的调节作用，并没有发生全国人口都向大城市迁移集聚的情况。如前文所述，城市的各种资源是有成本价格的，房价就代表了在这些城市稳定居住及享受其众多资源需要付出的价格。在城市资源吸引人口迁移集聚的关系中，房价不仅起到信号传递的中介作用，而且还起到了减缓或提升需求的调节作用。一方面，房价直接传递了城市资源质量高低的信息，越是资源质量高的城市，其房价也会相应地越高，在房价上涨反映的完全是城市资源质量提升信号的情况下，城市的人口集聚程度会随着房价的上涨而提高。而在房价过快上涨以至脱离城市资源质量基础的情况下，

房价反映的就是价格脱离质量的信号，城市的人口集聚程度会随着房价的上涨而降低；另一方面，房价作为享受城市资源需要付出的成本价格，将调节城市资源吸引人口迁移集聚的需求动力，当付出的成本超过获得的资源收益时，很多人向大城市迁移集聚的动力就会消减。也即，当房价较低时，城市的高质量资源对人口迁移集聚的吸引力将较为强烈，而当房价过高时，城市的高质量资源对人口迁移集聚的吸引力将下降。本书的实证也确实显示，房价明显对全国 35 个大中城市的资源质量与人口集聚间关系起到了负向调节作用。

参考文献

[1] Alchian，A. A. 1964. *University Economics* [M]. Washington: Washington Publication Press.

[2] Coase R. 1960. *The Problem of Social Cost* [J]. Journal of Law and Economics，（3）：1–44.

[3] Degen,K.，Fischer，A. M. 2010. *Immigration and Swiss House Prices* [Z]. CEPR DiscussionF Paper，NO.7583.

[4] Gonzalez，L.，Ortega，F. 2013. *Immigration and Housing Booms: Evidence from Spain* [J]. Journal of Regional Science，53（1）：37–59.

[5] Harold，D. 1967. *Toward a Theory of Property Rights* [J]. American Economic Review，（2）：347–359.

[6] Saiz，A. 2007. *Immigration and Housing Rents in American Cities* [J]. Journal of Urban Economics，61（2）：345–371.

[7] 白忠菊，杨庆媛 . 2012. 土地供应、房价波动与地方政府的或然态势[J]. 改革，（11）：83–90.

[8] 柏中强，王卷乐，杨雅萍，等 . 2015. 基于乡镇尺度的中国 25 省区人口分布特征及影响因素 [J]. 地理学报，70（8）：35–39.

[9] 岑科，张维迎 .2007. 房价高企不是地方政府的错 [J]. 新青年・权衡，（7）：48–51.

[10] 曾康霖，吕晖蓉 .2011. 住房价格上涨原因剖析（学者论学问）[N]. 人民日报，2011-04-29（05）.

[11] 昌菖 . 2016. 货币供应量、地价对房价的影响研究——基于 35 个大中城市统计数据的实证分析 [J]. 江苏社会科学，（6）：58-63.

[12] 陈白帆 .2016. 北京再现高价学位房 11 平方米售价 530 万 [N]. 广州日报，2016-03-11（07）.

[13] 陈笛 .2009. 中国城市生活成本排名飙升成本高未必不幸福 [N]. 中国青年报，2009-07-20（03）.

[14] 陈国进，李威，周洁 . 2013. 人口结构与房价关系研究——基于代际交叠模型和我国省际面板的分析 [J]. 经济学家，（10）：40-47.

[15] 陈淮 .2009. 关于房价收入比的若干辨析 [N]. 经济参考报，2009-03-13（04）.

[16] 陈杰，郝前进，郑麓漪 . 2008. 动态房价收入比——判断中国居民住房可支付能力的新思路 [J]. 中国房地产，（1）：27-30.

[17] 陈淑云，唐将伟 . 2017. 公共服务供给不均等加剧了国内房价分化吗？——基于我国 286 个地级及以上城市面板数据的实证 [J]. 经济体制改革，（4）：183-189.

[18] 陈莹莹，鲍晓倩，郁进东 . 2010. 中国城镇化进程正高速推进中 [N]. 证券日报，2010-03-13（02）.

[19] 陈哲 .2013. 媒体称 2003 年以来颁布 43 个调控政策房价上涨 10 倍[N]，经济观察报，2013-07-19（03）.

[20] 陈志强，徐明星 . 2015. 人口迁移、城镇化与房价关系的实证分析[J]. 吉林工商学院学报，（5）：30-35.

[21] 刁伟涛 . 2015. 土地财政、地方债务与房价水平——基于省际面板数据的实证研究 [J]. 当代财经，（2）：34-42.

[22] 丁栋 .2014. 调查称：生活成本高拉低居民生活满意度 [J]. 中国新闻网，http://finance.chinanews.com/life/2014/06-28/6329943.shtml.

[23] 董昕 . 2016. 房价压力、房租负担与人口持久性迁移意愿 [J]. 财经

问题研究，（3）：3–10.

[24] 杜本峰，张耀军 . 2011. 高原山区人口分布特征及其主要影响因素——基于毕节地区的 Panel Data 计量模型分析 [J] . 人口研究，（5）：92–103.

[25] 范新英，张所地 . 2015. 公共服务供给与房价关系的非线性门限效应[J]. 软科学，（6）：41–45.

[26] 方瑜，欧阳志云，郑华，等 . 2012. 中国人口分布的自然成因 [J] . 应用生态学报，（12）：267–274.

[27] 封志明，刘晓娜 . 2013. 中国人口分布与经济发展空间一致性研究 [J]. 人口与经济，（2）：5–13.

[28] 高波，陈健，邹琳华 . 2012. 区域房价差异、劳动力流动与产业升级 [J]. 经济研究，（1）：67–80.

[29] 高波，王文莉，李祥 . 2013. 预期、收入差距与中国城市房价租金“剪刀差”之谜 [J] . 经济研究，（6）：101–113.

[30] 高荆民，何芳 . 2007. 我国土地供应制度对房价影响的机理分析 [J] . 价格理论与实践，（12）：1–52.

[31] 宫汝凯 . 2012. 分税制改革、土地财政和房价水平 [J] . 世界经济文汇，（4）：98–104.

[32] 郭珂 . 2013. 土地财政依赖、财政缺口与房价——基于省际面板数据的研究 [J] . 经济评论，（2）：0–76.

[33] 何鑫，田丽慧，楚尔鸣 . 2017. 人口流动视角下中国房价波动的空间异质性 [J] . 人口与经济，（6）：47–61.

[34] 何一峰，付海京 . 2007. 影响我国人口迁移因素的实证分析 [J] . 浙江社会科学，（2）:49–53.

[35] 贺强，王汀汀 . 2016. 对本轮房价快速上涨的认识：货币和需求视角的解析 [J] . 价格理论与实践，（8）：6–11.

[36] 黄妍妮，李勇刚，王猛 . 2017. 土地财政、房价波动与经济增长——基于面板数据联立方程的研究 [J] . 经济问题探索，（5）：35–41.

[37] 黄宙辉 .2014. 吴敬琏一语道破房价过高真正原［N］. 羊城晚报，2014-08-31（06）.

[38] 季晓旭 . 2016. 人口老龄化、房价与区域城乡收入差距——基于我国省际面板数据的实证研究［J］. 财经科学，（8）：102-112.

[39] 贾春梅，葛扬 . 2015. 城市行政级别、资源集聚能力与房价水平差异［J］. 财经问题研究，383（10）：133-139.

[40] 匡贤明 .2009. 高房价下的逆城市化危险根在控制房价收入比［N］. 时代周报，2009-12-17（02）.

[41] 况伟大，李涛 . 2012. 土地出让方式、地价与房价［J］. 金融研究，（8）：60-73.

[42] 况伟大 . 2010. 预期、投机与中国城市房价波动［J］. 经济研究，（9）：68-79.

[43] 赖文炜，陈云 . 2015. 我国房价波动对货币政策有效性的影响研究——基于面板 VAR 模型的实证分析［J］. 现代管理科学，（1）：69-71.

[44] 李超，匡耀求 . 2013. 人口集聚过程中的我国房价收入比［J］. 学术研究，（2）:88-91.

[45] 李超，张超，匡耀求，等 . 2012. 经济集聚、人口集聚与房价收入比［C］// 2012 年中国可持续发展论坛暨中国可持续发展研究会学术年会 .

[46] 李超，张超 . 城市资源与人口集聚 : 房价的中介与调节效应［J］. 华南师范大学学报（社会科学版），2018，235（5）：126-134.

[47] 李超，张超 . 2015. 高房价收入比形成原因及对中国城市人口集聚的影响 : 理论与实证［J］. 华南师范大学学报（社会科学版），（1）：116-123.

[48] 李臣，茅于轼 .2013. 2013 年房价还会温和上涨［N］. 华西都市报 ,2013-01-07（05）.

[49] 李怀，何富彩 . 2016. 土地财政、城镇化因素对房价影响的实证分析——基于中国 1999-2014 年各省房价的面板数据［J］. 价格理论与实践，（9）：89-92.

［50］李嘉楠，游伟翔，孙浦阳．2017. 外来人口是否促进了城市房价上涨？——基于中国城市数据的实证研究［J］. 南开经济研究，（1）：60–78.

［51］李健，邓瑛．2011. 推动房价上涨的货币因素研究——基于美国、日本、中国泡沫积聚时期的实证比较分析［J］. 金融研究，（6）:18–32.

［52］李蕾.2012. 北京人均 GDP“富裕”真相［N］. 新京报，2012–02–27（06）.

［53］李祥，高波，李勇刚．2012. 房地产税收、公共服务供给与房价——基于省际面板数据的实证分析［J］. 财贸研究，23（3）：67–75.

［54］李祥，高波，王维娜．2012. 公共服务资本化与房价租金背离——基于南京市微观数据的实证研究［J］. 经济评论，（5）：79–89.

［55］李一花，化兵．2018. 财政赤字、土地财政与房价的关系研究［J］. 社会科学文摘，（12）：55–57.

［56］梁若冰，汤韵．2008. 地方公共品供给中的 Tiebout 模型：基于中国城市房价的经验研究［J］. 世界经济，（10）：73–85.

［57］刘翠．2016. 我国房价波动与货币政策关系研究 -- 基于风险溢出效应的分析［J］. 财经问题研究，（10）：48–53.

［58］刘建江，罗双成．2018. 区域房价差异、人口流动与地区差距［J］. 财经科学，（7）：38–45.

［59］刘金全，毕振豫．2018. 不确定性会影响货币政策对房价的调控效应吗？——基于 LT–TVP–VAR 模型的实证检验［J］. 财经论丛，238（10）：37–46.

［60］刘潇.2011. 2011 年广东就业报告暨 2012 届大学生就业指南［N］. 信息时报，2011–11–30（07）.

［61］刘星，张晶．2017. 货币供给量、房地产库存与房价关系研究——基于面板数据的实证分析［J］. 金融监管研究，（6）：64–77.

［62］刘学良．2014. 中国城市的住房供给弹性、影响因素和房价表现［J］. 财贸经济，（4）：127–139.

［63］陆铭，欧海军，陈斌开．2014. 理性还是泡沫：对城市化、移民和房

价的经验研究［J］. 世界经济，（1）：32–56.

［64］罗娜，程方楠 . 2017. 房价波动的宏观审慎政策与货币政策协调效应分析——基于新凯恩斯主义的 DSGE 模型［J］. 国际金融研究，（1）：41–50.

［65］吕越，刘自然 . 2017. 汇率、货币供给量、居民可支配收入对房价的影响——基于相关关系和多元回归关系的研究［J］. 中国市场，（2）：21–26.

［66］马光远 .2013. 谁将成为压垮中国高房价的最后一根稻草［N］. 中国经营报，2013–08–19（03）.

［67］马文婷 .2011. 经济学家称土地财政非高房价根源供给不足才是［N］. 京华时报，2011–06–22（08）.

［68］梅冬州，崔小勇，吴娱 . 2018. 房价变动、土地财政与中国经济波动［J］. 经济研究，53（1）：37–51.

［69］穆森 .2015. 李克强出席与达沃斯论坛国际工商理事会代表对话会［EB/OL］.［2015–01–22］. 中央政府门户网站 .http://www.gov.cn/guowuyuan/2015–01/22/content_2807852.htm.

［70］倪浩 .2016. 北京天价学区房：1 平米 40 万［N］. 环球时报，2016–01–14（03）.

［71］蒲火元，曹宗平，李超 . 2018. 人口流动对中心城市房价的影响：以广州为例［J］. 南方人口，33（5）：29–42.

［72］让·巴蒂斯特·萨伊 .2014. 政治经济学概论［M］. 赵康英，等，译 . 北京：华夏出版社 .

［73］任志强 .2010. 房价必然上涨的 N 个原因［EB/OL］.［2010–03–31］. 网易财经 . http://money.163.com/10/0331/15/6347GLM700253G87.html.

［74］邵新建，巫和懋，江萍，等 . 2012. 中国城市房价的“坚硬泡沫”——基于垄断性土地市场的研究［J］. 金融研究，（12）：71–85.

［75］沈蒙和 .2011. 浙江昨发布高等教育“十二五”发展规划［N］. 钱江晚报 ,2011–11–08（07）.

［76］孙焱林，张攀红 . 2015. 人口迁移、地方公共支出与房价相互间的影响［J］. 城市问题，（5）：90–96.

［77］谭峻，赵妍 . 2012. 房价收入比的实证研究——基于北京和全国整体数据的分析［J］. 中国土地科学，（9）：68–72.

［78］谭术魁，李雅楠 .2013. 基于 PanelData 模型的中国土地市场发育区域差异及其对房价的影响［J］. 中国土地科学，（2）:45–47.

［79］谭政勋，刘少波 . 2015. 开放条件下我国房价波动、货币政策立场识别及其反应研究［J］. 金融研究，419（5）:54–70.

［80］谭政勋，王聪 . 2015. 房价波动、货币政策立场识别及其反应研究［J］. 经济研究，（1）：69–85.

［81］唐云锋，马春华 . 2017. 财政压力、土地财政与“房价棘轮效应”［J］. 财贸经济，（11）：41–56.

［82］万建香，黄智 . 2018. 关于房价与土地供应关系的研究——以上海市为例［J］. 价格理论与实践，（2）：18–23.

［83］汪昆，袁祥飞 . 2018. 资源聚集、经济增长、土地供给与区际房价增长差异研究［J］. 中国物价，（1）：57–60.

［84］王斌，高波 . 2011. 土地财政、晋升激励与房价棘轮效应的实证分析［J］. 南京社会科学，（5）：28–34.

［85］王斌 . 2011. 我国基本公共服务非均等化对房价影响的实证分析［J］. 经济论坛，（4）：166–168.

［86］王道斌.2006. 广州数万名集体户口人员结婚生子遇难题［N］. 信息时报，2006–12–04（07）.

［87］王弟海，管文杰，赵占波 . 2015. 土地和住房供给对房价变动和经济增长的影响——兼论我国房价居高不下持续上涨的原因［J］. 金融研究，415（1）：54–71.

［88］王鹏，林晓燕 . 2018. 虚拟经济扩大条件下货币供应量对中国房价的影响——基于 VAR 模型的实证分析［J］. 经济问题探索，431（6）：67–77.

[89] 王学义，曾永明 . 2013. 中国川西地区人口分布与地形因子的空间分析［J］. 中国人口科学，（3）：85–93.

[90] 王岳龙 . 2012. 土地招拍挂制度在多大程度上提升了房价？——基于“8·31 大限”的干预分析模型研究［J］. 财贸研究，23（3）：31–39.

[91] 温忠麟，侯杰泰，张雷 . 2005. 调节效应与中介效应的比较和应用［J］. 心理学报，（2）：18–26.

[92] 文乐，彭代彦，覃一冬 . 2017. 土地供给、房价与中国人口半城镇化［J］. 中国人口资源与环境，（27）：31–37.

[93] 邬思怡，张协奎，张练 . 2017. 中国房价上涨对城市扩张的驱动效应研究——来自 69 个大中城市门限模型的经验证据［J］. 广东财经大学学报，（3）：16–27.

[94] 吴福象，姜凤珍 . 2012. 租售比、房价收入比与房地产市场调控——基于区际差异化市场比较的实证分析［J］. 当代财经，（6）：82–90.

[95] 吴敬琏 . 2014. 高房价因货币超发［J］. 广东经济，（7）：8.

[96] 吴莉莉，夏方舟 . 2014. 土地市场化程度及其对房价的影响研究——基于面板数据模型的山东省实证分析［J］. 东岳论丛，240（6）：134–138.

[97] 夏宇 . 2018. 我国现行货币政策调控房价成效实证分析［J］. 中国房地产，614（21）：19–25.

[98] 向楠，邢赫男 .2012. 84.1% 公众确认身边有年轻人毕业即买房［N］. 中国青年报，2012–04–17（02）.

[99] 谢国忠 .2014. 房地产泡沫正破灭 2014 年房价下跌 50%［N］. 新京报，2014–01–17（02）.

[100] 辛榛 . 2018. 货币政策对我国西南地区房价影响实证研究——基于 VAR 模型［J］. 中国集体经济，570（22）：33–34.

[101] 徐建炜，徐奇渊，何帆 . 2012. 房价上涨背后的人口结构因素：国际

经验与中国证据［J］. 世界经济，（1）：26-44.

［102］徐生钰，陈菲娅 . 2018. 基础教育资源资本化对房价的影响——基于南京市鼓楼区数据的分析［J］. 中国名城，201（6）：43-49.

［103］徐腾，姚洋 . 2018. 城际人口迁移与房价变动——基于人口普查与百度迁徙数据的实证研究［J］. 江西财经大学学报，（1）：35-39.

［104］徐忠，张雪春，邹传伟 . 2012. 房价、通货膨胀与货币政策——基于中国数据的研究［J］. 金融研究，（6）：5-16.

［105］许小年 .2010. 房价为何还会涨［N］. 经济参考报，2010-04-02（05）.

［106］杨柳，冯康颖，黄婷 . 2013. 货币政策是否适宜作为房价的直接调控手段？——基于 SFAVAR 模型的实证研究［J］. 管理评论，25（10）：28-39.

［107］杨巧，陈诚 . 2018. 房价会影响人口迁移吗？［J］. 经济与管理，（5）：38-44.

［108］杨永华 . 2006. 论房价和房价收入比［J］. 经济学家，（2）：65-70.

［109］叶剑平，王娟 . 2010. 公共服务均等化与中国房价的关系［J］. 探索与争鸣，（3）：43-48.

［110］阴曙光，翟宇阳，王成璋，等 . 2017. 基于空间计量模型的人口因素对房价的影响研究［J］. 工程管理学报，31（6）：144-149.

［111］尹虹潘，刘渝琳，刘姝伶 . 2014. 经济分布基准下的中国人口分布均衡测度研究——基于 Matlab 空间模拟的估算［J］. 中国人口科学，（5）：13-25.

［112］余华义，黄燕芬 . 货币政策效果区域异质性、房价溢出效应与房价对通胀的跨区影响［J］. 金融研究，2015，416（2）：99-117.

［113］余华义，黄燕芬 . 2015. 货币政策影响下收入和房价的跨区域联动［J］. 中国软科学，（10）：85-100.

［114］岳昌君 .2014. 大学生就业调查 :2013 年大学生就业状况究竟怎样［N］. 光明日报，01-29（02）.

［115］张斌 .2013. 北京控制大学生进京户口指标每年 1 万个以内［N］. 京

华时报，2013-10-16（03）.

［116］张超，李超，唐鑫 . 2015. 高校扩招、人口迁移与房价上涨［J］. 南方经济，315（12）：93-106.

［117］张东，杨易 . 2014. 中国房地产市场供给对房价影响的实证分析［J］. 统计与决策，（12）：133-136.

［118］张浩，李仲飞，邓柏峻 . 2014. 教育资源配置机制与房价——我国教育资本化现象的实证分析［J］. 金融研究，（5）：193-206.

［119］张杰平，刘晓光 . 2016. 价格结构性上涨：货币、物价和房价［J］. 经济评论，（6）：55-69.

［120］张莉，何晶，马润泓 . 2017. 房价如何影响劳动力流动？［J］. 经济研究，（8）：157-172.

［121］张宁 . 2018. 基于 VAR 模型对北京房价、物价水平与货币政策关系的研究［J］. 经济研究导刊，356（6）：122-129.

［122］张鹏，高波 . 2018. 土地供给弹性与房价波动：影响机制及实证研究［J］. 现代城市研究，（6）：16-22.

［123］张清源，梁若冰，朱峰 . 2018. 货币政策加剧城市房价的冷热不均吗［J］. 统计研究，320（5）：77-89.

［124］张清源，苏国灿，梁若冰 . 2018. 增加土地供给能否有效抑制房价上涨——利用“撤县设区”的准实验研究［J］. 财贸经济，39（4）：22-36.

［125］张少尧，宋雪茜，邓伟 . 2017. 空间功能视角下的公共服务对房价的影响——以成都市为例［J］. 地理科学进展，（8）：5-12.

［126］张所地，范新英 . 2015. 基于面板分位数回归模型的收入、利率对房价的影响关系研究［J］. 数理统计与管理，200（6）：111-119.

［127］张祥建，徐晋，徐龙炳 . 2015. 高管精英治理模式能够提升企业绩效吗？——基于社会连带关系调节效应的研究［J］. 经济研究，（3）：102-116.

［128］张亚丽，梁云芳，高铁梅 . 2011. 预期收入、收益率和房价波动——基

于 35 个城市动态面板模型的研究［J］. 财贸经济，（1）：122–129.

［129］张一星 . 2016. 人口老龄化对我国房价的影响——基于中国省际面板数据分析［J］. 当代经济，（30）：4–7.

［130］张中华，林众 . 2013. 汇改机制与货币政策冲击对我国房价的影响研究——兼论“三元悖论”在我国的适用性［J］. 宏观经济研究，（9）：15–21.

［131］赵胜民，何玉洁 . 2018. 影子银行对货币政策传导与房价的影响分析——兼论宏观审慎政策与货币政策协调［J］. 经济科学，223（1）：85–97.

［132］郑基超，倪泽强，孙韦 . 2016. 人口结构对房价的影响——基于面板数据的分析［J］. 江淮论坛，（5）：22–27.

［133］郑思齐 . 2016. 公共服务资源短缺与空间失衡：房价问题与城市效率损失［J］. 探索与争鸣，（5）：38–40.

［134］周爱民，彭俊华，许桂华 . 2018. 资源集中、人口集聚与城市房价差异研究——基于 35 个大中城市面板数据的实证分析［J］. 中国房地产，（3）：21–26.

［135］周其仁 . 2012. 经济密度甚于人口密度［EB/OL］.［2012–04–11］. 中国企业家网，http://www.iceo.com.cn/column/28/2012/0411/245895.shtml.

［136］周庭芳，张超 . 2017. 供给侧权利保护与经济增长［J］. 江汉论坛，（6）：15–19.

［137］周振华 . 2010. 改革与完善有利于服务经济发展的制度环境［N］. 文汇报，2010–09–22（03）.

［138］邹瑾，娄著盛 . 2018. 老龄化、人口迁移与地区房价差异——基于不同层级城市面板数据的研究［J］. 经济经纬，35（6）：28–35.

［139］邹瑾 . 2017. 人口老龄化与房价波动的地区差异［J］. 经济经纬，（1）：100–105.

［140］邹瑾 . 2014. 人口老龄化与房价波动——来自中国的经验证据［J］. 财经科学，（6）：15–19.

附录 A　房地产调控政策一览表

年份 / 特征	月份	文件 / 政策	内容
2004 年（被称为政策年，自此房地产调控如影随行）	3 月	国土资源部、监察部联合下发《关于继续开展经营性土匪使用招标拍卖挂牌出让情况执法监察工作的通知》，即“831 大限”	要求在 8 月 31 日前将协议出让土地中的“遗留问题”处理完毕，否则国家土地管理部门有权收回土地，纳入国家土地储备系统。
	5 月 13 日	建设部、国家发改委、国土资源部、中国人民银行联合发布《经济适用住房管理办法》	规定经济适用住房的面积将严格控制以中小套型为主，中套面积在 80 平左右，小套面积在 60 平米左右。
	7 月底	国家发改委、建设部下发《物业服务收费明码标价规定》	规定明确物业管理企业向业主提供服务应当标明服务项目、收费标准等有关情况。
	8 月	国家税务总局发布《关于加强土地增值税征收管理工作的通知》、《关于进一步加强城镇土地使用税和土地增值税征收管理工作的通知》	规定土地增值税采取按月申报纳税或税款结算。
	9 月 2 日	银监会颁布《商业银行房地产贷款风险管理指南》	规定建筑商不得为开发商垫资建楼，开发商开发项目自有资金不低于项目总投资的 35%，购房者月供房款不得超过收入的 50%。
	10 月 29 日	中国人民银行上调贷款利率	自 10 月 29 日起上调金融机构一年期存款基准利率 0.27 个百分点，由 1.98% 提高到 2.25%；一年期贷款基准利率上调 0.27 个百分点，由 5.31% 提高到 5.58%；金融机构的贷款利率原则上不再设定上限，下浮幅度不变，贷款利率仍为基准利率的 0.9 倍。

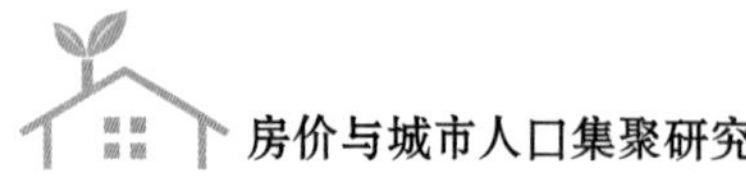

续表

年份 / 特征	月份	文件 / 政策	内容
2005 年（调控整体偏紧）	3 月	央行取消房贷优惠，提高首付比例	取消住房贷款优惠利率：对房地产价格上涨过快的城市或地区，个人住房贷款最低首付款比例可由现行的 20% 提高到 30%。
	3 月	国务院出台《国务院办公厅关于切实稳定住房价格的通知》，即“国八条”	调控上升到政治高度，稳定房价。
	5 月	《稳定住房价格工作意见》	继续强化调控力度：“新国八条”发布，细则出台。
	5 月 27 日	《关于加强房地产税收管理的通知》	个人购房未满两年转手全额征收营业税，6 月 1 日正式实施。
	9 月底	银监会发布《加强信托投资公司部分业务风险提示的通知》，即“212 号文件”	收紧房地产信托。
	10 月 11 日	国家税务总局发布《关于实施房地产税收一体化管理若干问题的通知》	统一了二手房买卖税收办法，正式明确个人买卖二手房必须交纳个人所得税。
2006 年（打击外商投资，整体调控偏紧）	4 月 27 日	央行上调贷款利率	上调贷款利率 0.27 个百分点，一年期贷款利率提高到 5.85%，五年期贷款利率由 6.12% 上调至 6.39%。
	5 月 24 日	《关于调整住房供应结构稳定住房价格的意见》，即“国六条”	新一轮调控开始。
	5 月 29 日	国务院办公厅出台《关于调整住房供应结构稳定住房价格的意见》，即“国十五条”	提出限制套型 90/70 政策，个人住房按揭贷款首付款比例不得低于 30%。
	5 月 31 日	国税总局下发《关于加强住房营业税征收管理有关问题的通知》	6 月 1 日后，个人将购买不足 5 年的住房对外销售全额征收营业税。
	7 月 6 日	建设部下发《关于进一步整顿规范房地产交易秩序通知》	要求发展商取得预售许可证后，应当在 10 日内开始销售商品房，未取得预售许可证项目，不得发布相关项目预售广告。
	7 月 11 日	建设部下发 171 号文件《关于规范房地产市场外资准入和管理的意见》，即“外资限炒令”	加强了对外商投资企业房地产开发经营和境外机构和个人的管理。
	7 月 26 日	国税总局发布《关于住房转让所得征收个人所得税有关问题的通知》	规定从 8 月 1 日起，各地税局将在全国范围内统一强制性征收二手房转让个人所得税。

续表

年份 / 特征	月份	文件 / 政策	内容
2006 年（打击外商投资，整体调控偏紧）	8 月 1 日	国土资源局发布《招标拍卖挂牌出让国有土地使用权规范》和《协议出让国有土地使用权规范》	土地新政出台
	8 月	国务院发布《国务院关于加强土地调控有关问题的通知》	在严格土地执法、加强规划管理、保障农民权益、促进集约用地、健全责任制度等方面，作出了全面系统的规定。
	8 月 19 日	央行上调存贷款基准利率	自 19 日起上调存贷款基准利率 0.27 个百分点，一年期贷款利率提高至 6.12%，五年期以上的贷款利率提高至 6.66%。
	8 月 30 日	建设部出台《城镇租房工作规范化管理实施办法》	加强城镇租房制度建设，贵大城镇廉租住房管理。
	9 月 14 日	国家税务总局颁发《关于加强房地产交易个人无偿赠与不动产税收管理有关问题的通知》	加强无偿赠与行为、受赠房屋销售、赠与行为后续管理的税收征管。
2007 年（遏制投资投资性需求，整体调控偏紧）	1 月 23 日	建设部、央行联合发布《关于加强房地产经纪管理规范交易结算资金账户管理有关问题的通知》	对于二手房市场交易，提供了实质性的操作规范。
	1 月 16 日	国税总局下发《房地产开发企业土地增值税清算管理有关问题的通知》	进一步明确了房地产企业土地增值税进行清算式缴纳的适用范围。
	3 月 16 日	通过《中华人民共和国物权法》	规定私人对其合法的收入、房屋、生活用品、生产工具、原材料等不动产和动产享有所有权。
	3 月 18 日	央行上调存贷款利率	上调存贷款利率 0.27 个百分点。
	5 月 19 日	央行上调存贷款利率	上调一年期存款利率 0.27 个百分点，一年期贷款利率上调 0.18 个百分点。
	5 月 23 日	商务部、国家外汇局发布《关于进一步加强、规范外商直接投资房地产业审批和监管通知》	要求各地商务主管部门严格控制外商投资高档房地产。
	6 月	央行上调存款准备金率	上调存款类金融机构人民币存款准备金率 0.5 个百分点。
	7 月 20 日	央行上调存贷款利率	上调一年期存贷款利率 0.27 个百分点，同时上调活期存款利率 9 个基点。

续表

年份 / 特征	月份	文件 / 政策	内容
2007 年（遏制投资投资性需求，整体调控偏紧）	8 月 13 日	国务院发布《国务院关于解决城市低收入家庭住房困难的若干意见》	回归保障、健全租房住房制度。
	8 月 22 日	央行上调存贷款利率	自 22 号起上调一年期存款基准利率 0.27 个百分点；上调一年期贷款基准利率 0.18 个百分点。
	9 月 15 日	央行上调存贷款利率	上调一年期存贷款基准利率 0.27 个百分点。
	9 月 27 日	央行发布《中国银行业监督管理委员会关于加强商业性房地产信贷管理的通知》	规定购买 90 平以下首套房首付比不得低于 20%；90 平以上的不能低于 30%；二套住房贷款首付比不得低于 40%，利率不得低于基准利率的 1.1 倍。
	10 月 8 日	国土资源部下发《关于进一步加强土地供应调控的通知》	规定要合理控制单宗土地供应规模，缩短土地开发周期，原则上不超过 3 年；廉租住房、经济适用住房和中低价位、中小套型普通住房建设用地，其年度供应总量不得低于住房供应总量的 70%。
	12 月 1 日	国家发改委和商务部联合发布《外商投资产业指导目录》	规定将继续限制外商投资的高档宾馆、别墅、高档写字楼和国际会展中心的建设、经营，外商投资土地成片开发则必须与内资企业合资、合作；并新增对外商投资房地产二级市场交易及房地产中介或经纪公司的限制。
	12 月 3 日	国土资源部、财政部、中国人民银行联合颁布《土地储备管理办法》	旨在完善土地储备制度，加强土地调控，规范土地市场运行。
	12 月 21 日	央行上调存贷款利率	自 21 日起，上调一年期存款基准利率 0.27 个百分点；上调一年期贷款基准利率 0.18 个百分点。
2008 年（为应对金融危机，房产调控放松）	1 月 7 日	国务院发下发《国务院关于促进节约集约用地的通知》	指出土地闲置满两年、依法应当无偿收回的，坚决无偿收回，重新安排使用；土地闲置满一年不满两年的，按出让或规划土地价款的 20% 征收土地闲置费，对闲置土地特别是闲置房地产用地要征缴增值地价。

续表

年份 / 特征	月份	文件 / 政策	内容
2008 年（为应对金融危机，房产调控放松）	1 月 18 日	央行上调存款准备金率	上调存款类金融机构人民币存款准备金率 0.5 个百分点，至 15.0%。
	3 月	国家税务总局下发《关于廉租住房、经济适用住房和住房租赁有关税收政策的通知》	规定对廉租住房经营管理单位按照政府规定价格、向规定保障对象出租廉租住房的租金收入，免征营业税、房产税等。
	3 月	建设部发布《住房建设规划与住房假设年度计划制定工作的指导意见》	指出新审批、新开工的商品住房，套型建筑面积 90 平方米以下住房（含经济适用住房）面积所占比重，必须达到开发总面积的 70% 以上。
	3 月	住房和城乡建设部下发《关于加强廉租住房质量管理通知》	指出要严格建设程序，加强建设管理，确保工程质量。
	3 月 18 日	央行上调存款准备金率	上调存款类金融机构人民币存款准备金率 0.5 个百分点，至 15.5%。
	4 月 16 日	央行上调存款准备金率	上调存款类金融机构人民币存款准备金率 0.5 个百分点，至 16.0%。
	5 月 12 日	央行上调存款准备金率	上调存款类金融机构人民币存款准备金率 0.5 个百分点，至 16.5%。
	5 月	监察部、人力资源与社会保障部、国土资源部联合下发《违反土地管理规定行为处分办法》	规定商品住宅开发不得超 3 年，土地管理不作为将受到严惩等。
	6 月	国税总局《财政部国家税务总局关于企业为个人购买房屋或其他财产征收个人所得税的批复》	明确企业为个人购买房产需征收个人所得税。
	6 月 7 日	央行上调存款准备金率	上调存款类金融机构人民币存款准备金率 0.5 个百分点，至 17.0%。
	7 月	国土资源部明确小产权房资格	被小产权房占用而未得到“合法使用”的宅基地不具备登记发证的资格。
	8 月	国务院公布《民用建筑节能条例》	规定房地产开发企业销售商品房，应当向购买人明示所售商品房的能源消耗指标、节能措施和保护要求、保温工程保修期等信息，并在商品房买卖合同和住宅质量保证书、住宅使用说明书中载明。

续表

年份 / 特征	月份	文件 / 政策	内容
2008 年（为应对金融危机，房产调控放松）	8 月	三部委联合印发《2008 年廉租住房工作计划》	提出 2008 年底前，所有县城及以上城市都要根据国务院规定，对低保家庭中的住房困难户做到应保尽保，有条件的地区要逐步扩大保障范围。
	8 月	中国人民银行、银监会联合下发《关于金融促进节约集约用地的通知》	规定对列入国家《禁止用地项目目录》的项目，严禁发放贷款；已发放贷款的，应在采取必要保全措施的基础上，逐步收回。贷款抵押率最高不得超过抵押物评估价值的 70%，贷款期限原则上不超过 2 年。
	9 月 15 日	央行下调贷款利率	宣布“双率齐降”，下调一年期贷款利率 0.27 个百分点。
	9 月 25 日	央行上调存款准备金率	提准 0.5 个百分点至 17.5%。
	10 月 9 日	央行下调存贷款基准利率	下调一年期存贷款基准利率各 0.27 个百分点。
	10 月 15 日	央行下调存款准备金率	下调存款类金融机构人民币存款准备金率 0.5 个百分点 17.0%。
	10 月 22 日	财政部《继续加大保障民生投入力度　切实解决低收入群众基本生活》	指出从 11 月 1 日起首次购买 90 平米及以下普通住房的，契税下调到 1%，对个人销售或购买住房暂免征收印花税，对个人销售住房暂免征收土地增值税。
	10 月 27 日	央行扩大房贷利率下限，调低首付比例	将商业性个人住房贷款利率的下限扩大为贷款基准利率的 0.7 倍；最低首付款比例调整为 20%。
	10 月 30 日	央行下调存贷款基准利率	下调金融机构一年期存贷款基准利率 0.27%，其他也作相应调整。
	11 月 27 日	央行下调存贷款基准利率	下调金融机构一年期人民币存贷款基准利率各 1.08 个百分点，其他也作相应调整。
	11 月 26 日	央行下调存款准备金率	下调金融机构人民币存款准备金率 1 个百分点，至 16.0%。
	12 月 23 日	央行下调存贷款基准利率	下调一年期人民币存贷款基准利率各 0.27 个百分点，其他期限档次存贷款基准利率作出相应调整。

续表

年份/特征	月份	文件/政策	内容
2008年（为应对金融危机，房产调控放松）	12月25日	央行下调存款准备金率	下调金融机构人民币存款准备金率0.5个百分点，至15.5%。
	12月7日	国务院下发《关于促进房地产市场健康发展的意见》，即“国十三条”	规定对已贷款购买一套住房，但人均住房面积低于当地平均水平，再申请贷款购买第二套用于改善居住条件的普通自住房的居民，可比照执行首次贷款购买普通自住房的优惠政策。
2009年（年初松，年底调控收紧）	1月	财政部、国税总局联合下发免征营业税的通知	个人购买超过两年（含两年）的普通住房对外销售的，免征营业税，即“5改2”。
	1月	监察部、住房和城乡建设部联合发出《关于加强建设用地容积率管理和监督检查的通知》	要求加强建设用地容积率管理和监督检查。
	4月12日	银监局重申《国务院办公厅关于促进房地产市场健康发展的若干意见》	对于已贷款购买一套住房，但人均面积低于当地平均水平，再申请贷款购买第二套用于改善居住条件的普通自住房的居民，可比照执行首次贷款购买普通自住房的优惠政策；非改善型二套房贷，首付至少四成。
	5月18日	国土资源部发布《关于切实落实保障性安居工程用地的通知》	对廉租房和经济适用房用地将给予减免费用的政策支持。同时，各地被要求在6月30日前，完成未来3年保障性住房用地供应计划的制定。
	5月22日	城乡建设部、发展改革委、财政部颁布《2009—2011年廉租住房保障规划》	计划用3年时间，基本解决747万户现有城市低收入住房困难家庭的住房问题。
	5月25日	国务院公布《关于2009年深化经济体制改革工作的意见》	明确指出要深化房地产税制改革。
	5月27日	国务院公布固定资产投资项目资本金比例的调整结果	普通商品住房项目投资的最低资本金比例从35%调低至20%。
	6月9日	国家税务总局《关于印发〈土地增值税清算管理规程〉的通知》	要求地方填报具体的房地产项目土地出让价款，以及房屋售价等。

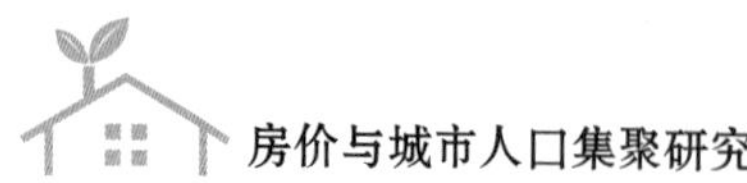

续表

年份 / 特征	月份	文件 / 政策	内容
2009 年（年初松，年底调控收紧）	6 月 16 日	财政部和国税总局下发《关于个人无偿受赠房屋有关个人所得税问题的通知》	规定除了直属亲属等三种情况之外，其他无偿赠与房屋的情形将被征收 20% 的个人所得税。
	6 月 22 日	银监会下发《关于进一步加强按揭贷款风险管理的通知》	对二套房政策作出严厉重申，坚持重点支持借款人购买首套自住住房的贷款需求，严格遵守第二套房贷的有关政策不动摇。
	9 月 1 日	国土资源部公布《国土资源部关于严格建设用地管理促进批而未用土地利用的通知》	要求地方政府要加强建设用地批后监管，及时向社会公开供地计划、供应结果和实际开发利用情况动态信息。
	9 月 29 日	国务院发布《关于集约用地的通知》	除重申要严格执行土地闲置两年无偿收回的政策外，《通知》明确，国土资源部正在制定办法，将对闲置房地产用地征缴增值地价。
	10 月 1 日	新修订的《保险法》正式实施	明确保险资金“可投资不动产”。保险机构投资不动产主要是购买办公用房、投资廉租房、养老实体和商业物业等，保险机构不直接参与房地产开发，不允许进行房地产的炒作。
	10 月	住房和城乡建设部、财政部、发改委、人民银行、监察部、审计署、银监会等七部门联合印发《关于利用住房公积金贷款支持保障性住房建设试点工作的实施意见》	按照利用住房公积金闲置资金支持保障性住房建设的试点工作正式启动。
	11 月 16 日	国土部印发《限制用地项目目录（2006 年本增补本）》和《禁止用地项目目录（2006 年本增补本）》	对商品住宅用地的宗地出让面积首度给出明确的上限，其中大城市 20 万平方米，中等城市 14 万平方米，小城市（镇）7 万平方米。
	11 月 26 日	国税总局发布《关于个人转租房屋取得收入征收个人所得税问题的通知》	个人将承租房屋转租取得的租金收入，属于个人所得税应税所得，应按“财产租赁所得”项目计算缴纳个人所得税。
	12 月 9 日	财政部、国税总局联合下发改变营业税免征期的通知	营业税免征期，即“2 改 5”。

续表

年份 / 特征	月份	文件 / 政策	内容
2009 年（年初松，年底调控收紧）	12 月 14 日	出台“国四条”	促进房地产健康发展提出增加供给、一致投机、加强监管、推荐保障房建设等四大举措。
	12 月 17 日	财政部、国土资源部、中国人民银行、监察部、审计部出台《进一步加强土地出让收支管理的通知》	规定土地出让金首次缴纳比例不得低于全部土地出让价款的 50%，全部土地出让款原则上 1 年之内缴清。
2010 年（出台限购政策，调整加紧）	1 月 10 日	国务院办公厅《关于促进房地产市场平稳健康发展的通知》，即“国十条”	严格二套房贷款管理，首付不得低于 40%；加强监控跨境投融资活动，防境外“热钱”冲击中国市场。
	1 月 21 日	国土资源部发布《国土资源部关于改进报国务院批准城市建设用地申报与实施工作的通知》	申报住宅用地的，经济适用住房、廉租住房和中低价位、中小套型普通商品住房用地占住宅用地的比例不得低于 70%。
	1 月 18 日	央行上调存款准备金率	上调存款类金融机构人民币存款准备金率 0.5 个百分点，至 16.0%。
	1 月 20 日	银监会发布《流动资金贷款管理暂行办法》	规定流动资金不得用于固定资产、股权等投资，不得用于国家禁止生产、经营的领域和用途。
	2 月 25 日	央行上调存款准备金率	上调存款类金融机构人民币存款准备金率 0.5 个百分点，至 16.5%。
	3 月 10 日	国土资源部出台《关于加强房地产用地供应和监管有关问题的通知》	规定开发商竞买保证金最少两成，一个月付清 50% 地价，囤地开发商将被“冻结”。
	3 月 12 日	国土资源部调查炒地行为	调查重点针对擅自改变房地产用地用途、违规供应土地建设别墅以及囤地炒地等问题。
	3 月 18 日	国资委要求部分央企退出房地产业务	78 家不以房地产为主业的中央企业加快调整重组，在完成自有土地开发和已实施项目后要退出房地产业务。
	4 月 2 日	财政部下发关于契税优惠政策的通知	对两个或两个以上个人共同购买 90 平方米及以下普通住房，其中一人或多人已有购房记录的，该套房产的共同购买人均不适用首次购买普通住房的契税优惠政策。

续表

年份 / 特征	月份	文件 / 政策	内容
2010年（出台限购政策，调整加紧）	4月17日	国务院发布《关于坚决遏制部分城市房价过快上涨的通知》即“新国十条”	90平以上的首套，首付比不得低于30%；对贷款购买第二套住房的家庭，贷款首付款比例不得低于50%，贷款利率不得低于基准利率的1.1倍；暂停第三套及以上住房贷款。
	4月19日	住房城乡建设部发出《关于进一步加强房地产市场监管完善商品住房预售制度有关问题的通知》	要求商品住房严格实行购房实名制，认购后不得擅自更改购房者姓名；未获预售许可证开发商不得收取定金。
	4月30日	北京市政府发布《北京市人民政府贯彻落实国务院关于坚决遏制部分城市房价过快上涨文件的通知》	即日起暂定同一购房家庭只能在北京市新购买一套商品住房。
	5月10日	央行上调存款准备金率	上调存款类金融机构人民币存款准备金率0.5个百分点，至17.0%。
	6月4日	住房和城乡建设部发布《关于规范商业性个人住房贷款中第二套住房认定标准的通知》	指出各地商业性个人住房贷款中居民家庭住房套数，应依据拟购房家庭成员名下，包括借款人、配偶及未成年子女，实际拥有的成套住房的数量进行认定。
	6月12日	住建部等七部门下发《关于加快发展公共租赁住房的指导意见》	加快发展公租房。
	9月27日	国土资源部、住房和城乡建设部联合下发《关于进一步加强房地产用地和建设管理调控的通知》	规定没有完成保障性住房、棚户区改造住房、公共租赁住房和中小套型普通商品住房年度建设任务的地方，不得向大户型高档住房建设供地；不得将两宗以上地块捆绑出让，不得“毛地”出让；严格限制低密度大户型住宅项目的开发建设，住宅用地的容积率指标必须大于1；规定了土地竞买人有闲置土地一年以上等4种违法违规违约行为的，禁止竞买人及其控股股东参加土地竞买活动。

续表

年份 / 特征	月份	文件 / 政策	内容
2010 年（出台限购政策，调整加紧）	9 月 29 日	财政部、国务税务总局、住房和城乡建设部联合发布《关于调整房地产交易换季契税个人所得税优惠政策的通知》	指出要调整住房交易换季的契税和个人所得税优惠政策。
	10 月 13 日	央行上调存款准备金率	上调存款类金融机构人民币存款准备金率 0.5 个百分点。
	10 月 20 日	央行上调存贷款基准利率	上调金融机构一年期存贷款基准利率各 0.25 个百分点，其他各档次相应调整。
	11 月 3 日	住房和城乡建设部、财政部、人民银行、银监会发布《关于规范住房公积金个人住房贷款政策有关问题的通知》	全面叫停第三套住房公积金贷款，并将第二套住房公积金个人住房贷款提至五成。
	11 月 15 日	外汇局发布《关于进一步规范境外机构和个人购房管理的通知》，即“限外令”	规定境外个人在境内只能购买一套用于自住的住房；在境内设立分支、代表机构的境外机构只能在注册城市购买办公所需的非住宅房屋。
	11 月 16 日	央行上调存款准备金率	上调存款类金融机构人民币存款准备金率 0.5 个百分点，至 17.5%。
	11 月 29 日	央行上调存款准备金率	上调存款类金融机构人民币存款准备金率 0.5 个百分点，至 18.0%。
	12 月 20 日	央行上调存款准备金率	上调存款类金融机构人民币存款准备金率 0.5 个百分点，至 18.5%。
	12 月 26 日	央行上调存贷款基准利率	上调金融机构一年期存贷款基准利率各 0.25 个百分点，其他各档次相应调整。
2011 年（多次提准、加息，调控整体偏紧）	1 月 20 日	央行上调存款准备金率	上调存款类金融机构人民币存款准备金率 0.5 个百分点，至此，大型商业银行的存款准备金率达到 19% 的历史新高。
	1 月 26 日	国务院发布《国务院办公厅关于进一步做好房地产市场调控工作的有关问题的通知》，即“新国八条”	继续差别化信贷政策，要求将第二套房的房贷首付从原来的不低于 50% 改为不低于 60%，贷款利率不低于基准利率的 1.1 倍。

续表

年份 / 特征	月份	文件 / 政策	内容
2011 年（多次提准、加息，调控整体偏紧）	1 月 27 日	财政部公布了《关于调整个人住房转让营业税政策的通知》	规定个人将购买不足 5 年的住房对外销售的，将全部征收营业税，即营业税免征期“2 改 5”。
	1 月 27 日	房产税改革	上海和重庆正式实施房产税，深圳宣布成为第三个房产税试点城市。
	2 月 8 日	央行上调存贷款基准利率	上调金融机构一年期存贷款基准利率 0.25 个百分点。
	2 月 9 日	住房和城乡建设部发布《关于调整住房公积金存款利率的通知》	上调个人住房公积金贷款利率。五年期以上个人住房公积金贷款利率上调 0.20 个百分点。五年期以下（含五年）个人住房公积金贷款利率上调 0.25 个百分点。
	2 月 18 日	央行上调存款准备金率	上调存款类金融机构人民币存款准备金率 0.5 个百分点，至 19.5%。
	3 月 16 日	发改委发布《商品房销售明码标价规定的通知》	规定从 5 月 1 日起，商品房销售必须明码标价。
	3 月 25 日	央行上调存款准备金率	上调存款类金融机构人民币存款准备金率 0.5 个百分点，至 20%。
	4 月 6 日	央行上调存贷款基准利率	即日起金融机构一年期存贷款基准利率再次上调 0.25 个百分点，其他各档次存贷款基准利率相应调整。
	4 月 21 日	央行上调存款准备金率	上调存款类金融机构人民币存款准备金率 0.5 个百分点，大型商业银行的存款准备金率达 20.5% 的历史新高。
	5 月 10 日	住建部下发《关于公开城镇保障性安居工程建设信息的通知》	要求各地在下发文件后的 20 个工作日内公布保障房建设计划、开工和竣工相关信息。
	5 月 11 日	住建部、发改委联合发布《关于加强房地产经纪管理 进一步规范房地产交易秩序的通知》	加强房地产经纪管理，进一步规范房地产交易。
	5 月 18 日	央行上调存款准备金率	上调存款类金融机构人民币存款准备金率 0.5 个百分点，大型商业银行的存款准备金率达 21% 的历史新高。

续表

年份 / 特征	月份	文件 / 政策	内容
2011 年（多次提准、加息，调控整体偏紧）	6 月 20 日	央行上调存款准备金率	上调存款类金融机构人民币存款准备金率 0.5 个百分点，至此，大型商业银行的存款准备金率达到 21.5%，再创历史新高。
	7 月 7 日	央行上调存贷款基准利率	上调金融机构一年期存贷款基准利率 0.25 个百分点，其他各档次及公积金作相应调整。
	7 月 11 日	国家发改委和住建部联合发布《关于加强房地产经纪管理　进一步规范房地产交易秩序的通知》	指出加强房地产经纪机构和经纪人员管理；加强商品房销售行为监管；要求各地价格部门要于今年 11 月底前，将开展专项整治工作的有关情况以及典型案例上报住建部、国家发改委。
	7 月 12 日	国务院常务会议提出了下个阶段调控的 5 个方向，即"国五条"	要求继续执行差别化信贷政策，从严把握和执行房价控制目标，限购范围扩大。
	8 月 31 日	财政部国税总局发布关于契税的通知	在婚姻关系存续期间，房屋、土地权属由夫妻一方所有变更为夫妻双方共有免征契税，9 月 1 日起执行。
	12 月 5 日	央行下调存款准备金率	下调存款类金融机构人民币存款准备金率 0.5 个百分点，为近三年以来的首次。
2012 年（3 年半以来首次降息，调控利好）	2 月 1 日	发改委发布《关于境内外资银行申请 2012 年度中长期外债规模有关问题的通知》	规定对于提供给外籍人士的个人按揭贷款的外债需求，不予安排中长期的外债额度。
	2 月 2 日	中国人民银行金融市场工作座谈会	继续落实差别化住房信贷政策，加大对保障性安居工程和普通商品住房建设的支持力度，满足首次购房家庭的贷款需求。
	2 月 6 日	财政部发布《关于切实做好 2012 年保障性安居工程财政资金安排等相关工作的通知》	提出拓宽资金来源渠道，创新财政支持方式，引导社会资金投资保障性安居工程；落实税费优惠政策，努力降低保障性安居工程成本。
	2 月 10 日	中国人民银行金融市场工作座谈会	指出房地产调控目标有两个：一是促使房价合理回归不动摇，二是促进房地产市场长期、稳定、健康发展。

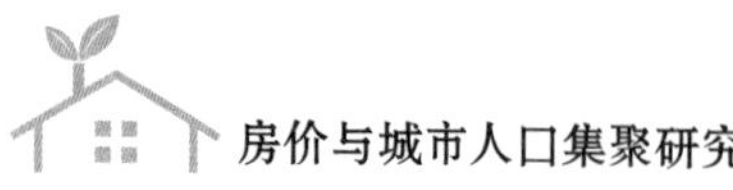

续表

年份 / 特征	月份	文件 / 政策	内容
2012 年（3 年半以来首次降息，调控利好）	2 月 15 日	国土资源部《关于做好 2012 年房地产用地管理和调控重点工作的通知》	计划总量原则上应不低于过去 5 年年均实际供应量，其中保障性住房、棚户区改造住房和中小套型普通商品住房用地不低于总量的 70%。确保保障性安居工程住房用地。
	2 月 20 日	发改委《关于发展改革系统要继续加大工作力度 切实做好 2012 年保障性安居工程建设工作的通知》，保障性住房及配套设施。	指出要创新融资机制，充分发挥地方政府融资平台的作用，通过直接和间接融资多渠道筹集保障性安居工程建设资金，鼓励引导社会力量参与建设。
	2 月 24 日	央行下调存款准备金率	下调存款类金融机构人民币存款准备金率 0.5 个百分点，至 20.5%。
	3 月 14 日	住建部《关于做好 2012 年城镇保障性安居工程工作的通知》	一，积极落实建设项目，加快项目建设进度；二，加大基础设施投入，加强质量安全管理；三，拓宽资金来源渠道，做好建设资金安排；四，建立健全监管机制，加强分配和运营管理；五，做好信息公开工作，主动接受社会监督；六，强化部门协调配合，做好统计管理工作；七，完善相关工作机制，抓好组织实施工作。
	3 月 18 日	发改委《关于 2012 年深化经济体制改革重点工作的意见》	指出要适时扩大房产税试点范围。
	3 月 26 日	住建部发布《建设用地容积率管理办法》	规定地方出让国有建设用地必须有容积率条件，否则合同无效。
	4 月	上调公积金贷款额度	南昌、蚌埠、新疆克拉玛依、遂宁、日照、信阳、大连、滨州、常州、郑州、南宁等二三线城市上调公积金贷款额度，调整额度在 15% 至 25% 不等。
	5 月 17 日	央行下调存款准备金率	下调存款类金融机构人民币存款准备金率 0.5 个百分点，至 20%。

续表

年份 / 特征	月份	文件 / 政策	内容
2012 年（3 年半以来首次降息，调控利好）	6 月 7 日	央行下调存贷款基准利率	金融机构一年期存贷款基准利率下调 0.25 个百分点；贷款利率上限为 1.1 倍基准利率，下限为 0.8 倍基准利率。
	6 月 18 日	国土部、发改委日前联合印发《限制用地项目目录》和《禁止用地项目目录（2012 年本）》	两目录自发布之日起实施，别墅类房地产项目首次列入目录。
	7 月 1 日	发布《闲置土地处置办法》	强化了对闲置土地的预防和监管，明确了闲置土地的认定标准，完善了闲置土地处置程序，将从制度上堵上非法“囤地”和不按时动工开发的漏洞。
	7 月 6 日	央行下调存贷款基准利率	下调金融机构人民币存款基准利率 0.25 个百分点，一年期贷款利率下调 0.31 个百分点，另外利率浮动下限调整为基准利率的 0.7 倍。
	11 月 15 日	国土部、财政部、央行和银监会四部委日前联合发布《关于加强土地储备与融资管理的通知》	要求加强土地储备管理，强化土地储备融资风险管控。
2013 年（仅在年初出台“新国 5 条”，整体较为宽松）	1 月 5 日	财政部印发《关于做好 2013 年城镇保障性安居工程财政资金筹措等相关工作的通知》	将采取投资补助或贷款贴息方式支持企业参与公共租赁住房建设运营管理；继续落实好城镇保障性安居工程建设和运营管理涉及的行政事业性收费、政府性基金（含土地出让收入）与相关税收减免政策，切实减轻城镇保障性安居工程建设和运营管理的费用。
	3 月 2 日	国务院发布《关于继续做好房地产市场调控工作的通知》即“新国五条”	继续严格执行商品住房限购措施，同时进一步提高第二套住房贷款的首付款比例和贷款利率。对出售自有住房按规定应征收的个人所得税，通过税收征管、房屋登记等历史信息能核实房屋原值的，应依法严格按转让所得的 20% 计征。

续表

年份 / 特征	月份	文件 / 政策	内容
2013 年（仅在年初出台“新国5条”，整体较为宽松）	5 月 25 日	发改委《关于 2013 年深化经济体制改革重点工作的意见》	提出扩大个人住房房产税改革试点范围。
2014 年（前期市场下行，后期调控逐步放开）	4 月	限购松动	从 4 月份开始，全国层面的限购开始松动，到 9 月份，仅四大一线城市及三亚 5 个城市坚守限购政策。
	5 月	央行发声	央行力挺首套住房需求。
	9 月 30 日	央行公布《关于进一步做好住房金融服务工作的通知》	规定对拥有 1 套住房并已结清相应购房贷款的家庭，贷款购买第二套住房时，可按照首套房贷政策执行；对于贷款购买首套普通自住房的家庭，贷款最低首付款比例为 30%，贷款利率下限为贷款基准利率的 0.7 倍等。
	11 月 22 日	央行下调存贷款基准利率	下调金融机构人民币贷款和存款基准利率。金融机构一年期贷款基准利率下调 0.4 个百分点，至 5.6%；一年期存款基准利率下调 0.25 个百分点，至 2.75%。
	12 月 22 日	国务院《不动产登记暂行条例》出台	2015 年 3 月 1 日正式实施，规范不动产登记行为，细化不动产统一登记制度，方便人民群众办理不动产登记，保护权利人合法权益。
2015 年（鼓励刚需及改善性需求）	2 月 5 日	央行下调存款准备金率	下调各金融机构存款准备金率 0.5 个百分点，至 19.5%。
	2 月 28 日	央行下调存贷款基准利率	下调金融金融机构一年期存贷款基准利率0.25个百分点。
	3 月 1 日	《不动产登记暂行条例》开始实施	有利于房地产市场长效机制。
	3 月 5 日	政府工作报告，两会定调房地产市场	要进一步稳定住房消费，鼓励刚需及改善型住房消费。
	3 月 30 日	财政部、国家税务总局共同发布《关于调整个人住房转让营业税政策的通知》	规定营业税免征期“5 改 2”，二套首付比例调整为不低于 40%；使用公积金贷款购买首套，最低首付 20%。

续表

年份 / 特征	月份	文件 / 政策	内容
2015 年（鼓励刚需及改善性需求）	4 月 20 日	央行下调存款准备金率	下调各金融机构存款准备金率 1 个百分点，至 18.5%。
	5 月 10 日	央行下调存贷款基准利率	下调金融金融机构一年期存贷款基准利率 0.25 个百分点。
	6 月 28 日	央行降准、降息	定向下调各金融机构存款准备金率，下调金融金融机构一年期存贷款基准利率 0.25 个百分点。
	8 月 26 日	央行下调存贷款基准利率	下调金融金融机构一年期存贷款基准利率 0.25 个百分点。
	9 月 5 日	央行下调存款准备金率	下调各金融机构存款准备金率 0.5 个百分点至 18%。
	9 月 1 日	住建部、财政部、央行三部委联合通知	自 9 月起，公积金贷款购买二套房最低首付比例降至 20%。
2016 年（强化因地施策，整体前放后收）	2 月	最低首付款比例的规定	在不实施“限购”措施的城市首次购买普通住房，贷款原则上最低首付比例 25%，可向下浮动 5%；对拥有 1 套住房且相应购房贷款未结清的居民家庭，最低首付款比例调整为不低于 30%。
	2 月	财政部、国家税务总局、住房城乡建设部发通知	将首套房面积 140 平方米以上的契税，从 3% 减至按 1.5% 的税率征收；二套房契税则从 3% 降为 1%—2% 不等。不过，北上广深暂不实施二套房契税优惠政策。
	2 月	上调公积金存款利率	公积金存款利率上调至 1.5%。
	2 月	央行下调存款准备金率	下调金融机构人民币存款准备金率 0.5 个百分点，至 16.5%。
	5 月 1 日	营改增	房地产行业的营业税改增值税。
	7 月—9 月	合肥、厦门、南京、苏州等热点城市陆续出台调控政策	包括调整住房信贷、提高社保门槛等，新一轮调控开启。
	9 月底—10 月	新一轮限购限贷升级	北京、广州、深圳、苏州、合肥等 19 个城市在 8 天内先后出台楼市调控政策。

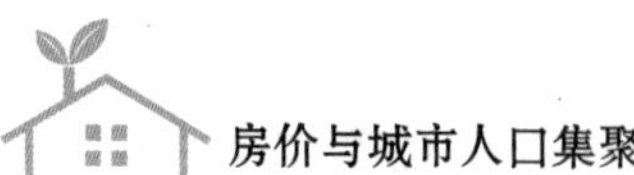

续表

年份 / 特征	月份	文件 / 政策	内容
2017 年（调控从严）	3 月 17 日	北京出台“3.17”新政规定	购买普通二套房的首付比例不低于 60%，购买非普通二套房的首付款比例不低于 80%；在确定购房套数时，采用“认房又认贷”的原则，即便名下无房但有贷款记录，也将被认定是二套住房。
	4 月	北京相关部门在 18 天内密集出台 10 个房地产调控措施	包括非京籍购房需连缴个税 60 个月、离婚 1 年内申请房贷按二套执行、商办项目不得作为居住使用、禁止中小学与房地产商合作办学等。
	5 月	在北京楼市新政的示范作用下，深圳、广州、杭州、南京等城市纷纷跟进调控	全国主要城市纷纷跟进，收紧了楼市政策。部分城市调控政策的严厉程度甚至超过北京。
	6 月	全国的房贷利率持续上调	北京、上海、深圳等一线城市，以及郑州、武汉等热点城市的各大银行逐渐调整房贷利率，取消了之前的 9 折或者 85 折优惠，执行基准利率，甚至部分银行已经开始执行首套房房贷利率上浮 10%—20%，二套房房贷利率上浮 30%，个别银行已停贷。
	9 月	加强对个人消费贷款的监管	在监管部门要求下，北京、江苏等全国多个城市对消费贷进行严格监管，防范信贷资金违规流入房地产市场。
	10 月	党的十九大	强调“坚持房子是用来住的、不是用来炒的”这一定位，再次强调住房的居住属性。
	11 月	放款速度持续下降	受银行额度限制全国各大银行的放款速度持续下降，周期基本在 3 个月左右。

附录 B　35 个大中城市数据

表 1　35 个大中城市住宅商品房平均销售价格（单位：元 / 平方米）

地区＼年份	2016	2015	2014	2013	2012	2011	2010	2009	2008	2007	2006
北京	28 489	22 300	18 499	17 854	16 553	15 518	17 151	13 224	11 648	10 661	7 375
天津	12 870	9 931	8 828	8 390	8 010	8 548	7 940	6 605	5 598	5 576	4 649
石家庄	7 354	7 798	5 562	4 943	4 714	4 352	3 807	3688	2 630	2 378	2 005
太原	7 348	7 303	7 155	6 668	6 405	6 517	7 088	4 499	3 743	3 561	3 156
呼和浩特	5 196	4 946	5 153	4 631	4 798	4 073	3 650	3 248	2 511	2 459	2 176
沈阳	6 838	6 416	5 865	6 074	5 989	5 613	5 109	4 196	3 856	3 536	3 184
大连	9 119	8 711	8 921	7 859	7 584	7 929	6 759	6 175	5 617	5 417	4 256
长春	6 018	6 374	5 847	5 729	5 273	5 970	5 097	4 012	3 344	3 118	2 408
哈尔滨	6338	6 124	5 751	5 884	5 113	5 217	5 196	4 146	3 515	2 943	2 503
上海	25 910	21 501	16 415	16 192	13 870	13 566	14 290	12 364	8 115	8 253	7 039
南京	17 884	11 260	10 964	11 078	9 675	8 415	9 227	6 893	4 808	5 011	4 270
杭州	16 211	14 748	14 035	14 679	13 292	12 749	14 259	10 613	8 211	7 432	5 967
宁波	11 738	11 022	10 890	11 405	11 385	11 286	11 669	9 068	6 843	6 097	5 105
合肥	9 312	7 512	6 917	6 084	5 754	5 608	5 502	4 095	3 425	3 154	2 874
福州	11 058	11 333	10 105	10 155	10 645	9 553	7 877	6 441	5 244	4 900	3 976
厦门	25 251	18 928	17 778	14 551	12 953	13 423	11 590	8 935	8 940	8 907	6 601
南昌	7 707	6 955	6 225	6 639	5 880	5 323	4 331	3 637	3 361	3 509	3 053
济南	8 405	7 527	7 158	7 013	6 651	6 664	6 100	4 790	4 155	3 720	3 319
青岛	8 997	8 437	7 855	7 987	7 583	7 166	6 421	5 383	4 788	5 105	4 001
郑州	8 093	7 223	6 579	6 587	5 643	4 692	4 596	4 057	3 598	3 328	2 691
武汉	9 819	8 404	7 399	7 238	6 895	6 676	5 550	5 199	4 681	4 516	3 535
长沙	6 160	5 544	5 458	5 759	5 603	5 481	4 322	3 533	3 165	3 191	2 431
广州	16 346	14 083	14 739	13 954	12 001	10 926	10 615	8 988	8 781	8 439	6 152
深圳	45 498	33 661	24 040	23 427	18 996	21 037	18 954	14 389	12 823	13 370	8 848
南宁	6 767	6 229	6 103	6 155	5 619	4 996	4 942	4 463	3 726	3 273	2 656
海口	8 868	7 636	7 473	7 342	6 512	6 641	8 069	5 293	4 435	3 403	2 673
重庆	5 162	5 012	5 094	5 239	4 805	4 492	4 040	3 266	2 640	2 588	2 081
成都	7 377	6 584	6 536	6 708	6 678	6 361	5 827	4 864	4 778	4 198	3 499

续表

年份 地区	2016	2015	2014	2013	2012	2011	2010	2009	2008	2007	2006
贵阳	5 392	4 967	4 904	4 488	4 473	4 588	4 233	3496	2 866	2 619	2 138
昆明	6 851	7 178	6 067	5 615	5 405	4 550	3 405	3 586	3 499	2 994	2 733
西安	6 385	6 221	6 105	6 435	6 224	5 830	4 341	3 749	3 768	3 215	3 073
兰州	6 162	6 089	5 860	5 520	5 421	4 229	4 065	3 499	3 062	2 920	2 515
西宁	5 007	4 602	4 807	4 380	4 304	3 439	3 196	2 811	2 817	2 313	1 940
银川	4 448	4 498	4 111	4 524	4 187	3 980	3 610	3 219	2 592	2 230	2 185
乌鲁木齐	5 829	6 142	5 758	5 858	5 255	4 970	4 265	3 285	3 031	2 528	2 021

表 2　35 个大中城市在岗职工平均工资（单位：元）

年份 地区	2016	2015	2014	2013	2012	2011	2010	2009	2008	2007	2006
北京	122 749	113 073	103 400	93 997	85306	75835	65683	58140	56328	46507	40117
天津	87 806	81 486	73 839	68 864	65398	55636	52963	44992	41748	34938	28682
石家庄	61 189	54 441	48 272	43 712	38426	35132	31459	27370	22746	19992	16911
太原	64 820	60 516	57 771	51 161	48905	44868	38839	33140	29589	24688	21422
呼和浩特	56 213	53 698	50 469	48 797	65637	42797	37694	33993	30872	26735	22948
沈阳	67 444	61 827	56 590	52 389	49 898	45 756	41 900	38 577	33 546	27 372	23 391
大连	73 764	69 390	63 609	58 946	54 821	49 728	44 615	38 765	34 304	28 271	24 227
长春	68 434	62 519	56 977	52 220	46 673	41 471	35 721	30 448	26 968	24 189	19 954
哈尔滨	62 583	58 405	51 554	47 150	41 773	36 450	32 411	29 251	25 526	22 104	18 780
上海	120 503	109 279	100 623	91 477	80 191	77 031	71 874	63 549	56 565	49 310	41 188
南京	90 191	81 075	77 286	66 222	63 152	54 712	48 782	43 623	39 878	35 907	32 459
杭州	87 153	77 816	70 823	64 958	56 418	54 408	48 772	43 947	40 193	36 497	32 792
宁波	83 656	74 989	70 228	63 362	56 255	49 756	43 476	39 138	35 835	32 924	28 949
合肥	71 054	65 806	59 648	54 177	50 724	45 442	39 291	34 144	30 401	25 874	21 907
福州	67 630	62 478	58 838	53 420	48 088	42 240	34 805	30 704	27 521	23 950	20 665
厦门	69 218	66 930	63 062	61 754	52 673	46 414	40 283	36 455	32 344	28 959	25 543
南昌	65 812	57 730	51 848	46 892	43 769	39 816	35 038	30 450	26 961	23 887	20 286
济南	77 012	68 997	62 323	55 840	48 829	44 004	37 854	35 661	31 600	26 654	22 306
青岛	76 616	69 465	62 097	55 334	49 052	43 162	37 804	33 257	30 235	27 084	23 458
郑州	61 149	52 987	49 756	45 066	40 472	35 756	32 778	29 837	26 478	22 156	18 862
武汉	71 963	65 720	60 624	53 684	48 942	45 644	39 302	34 000	28 431	25 136	20 633
长沙	77 782	67 266	61 847	56 215	50 905	44 495	38 338	34 888	31 834	27 967	24 617
广州	89 096	81 171	74 246	73 678	67 515	57 474	54 494	49 518	45 702	40 561	36 770
深圳	89 757	81 034	73 492	77 721	59 010	55 142	50 455	46 715	43 731	38 797	35 108
南宁	68 560	66 749	54 330	49 806	44 144	40 119	37 040	32 596	29 376	24 791	20 652
海口	62 030	57 455	50 653	45 058	40 486	38 060	34 192	30 639	27 328	25 723	21 385
重庆	67 386	62 091	56 852	51 015	45 392	40 042	35 326	30 965	26 985	23 098	19 215
成都	74 408	69 123	63 201	84 724	48 302	42 363	38 603	34 195	30 810	26 607	22 563
贵阳	70 535	63 949	59 330	50 654	42 662	38 673	31 129	27 579	26 386	22 579	18 522
昆明	68 375	62 033	58 153	51 119	45 094	41 645	32 022	29 889	22 432	22 432	20 812
西安	69 611	63 193	54 098	54 388	46688	41679	37872	33000	29749	25014	20476

续表

年份 地区	2016	2015	2014	2013	2012	2011	2010	2009	2008	2007	2006
兰州	67 011	62 201	54 008	49 424	44 488	38 968	33 964	28 996	26 120	21 019	19 103
西宁	61 069	58 099	54 914	47 343	44 086	38 443	32 220	28 124	26 462	23 333	21 029
银川	70 840	65 643	59 080	56 565	54 274	49 938	39 816	36 000	33 249	28 604	23 227
乌鲁木齐	73 254	67 617	61 617	56 680	51 135	47 178	40 649	36 500	33 341	29 110	23 677

表 3　35 个大中城市人口密度（单位：人 / 平方公里）

年份 地区	2016	2015	2014	2013	2012	2011	2010	2009	2008	2007	2006
北京	830	820	813	802	791	779	767	760	751	741	731
天津	888	873	865	854	845	847	838	837	828	820	810
石家庄	655	649	647	633	634	629	624	617	610	603	593
太原	531	527	530	527	524	523	524	523	516	509	500
呼和浩特	138	137	136	134	132	133	132	130	129	127	124
沈阳	566	563	563	560	558	557	554	552	550	547	542
大连	474	472	473	470	469	468	466	465	464	460	455
长春	366	366	366	365	367	370	368	367	365	362	359
哈尔滨	181	181	186	188	187	187	187	187	187	186	185
上海	2 287	2 276	2 269	2 259	2 251	2 239	2 227	2 209	2 194	2 175	2 158
南京	1 006	992	985	976	969	966	960	956	948	937	922
杭州	443	436	431	426	422	419	415	412	408	405	401
宁波	602	598	595	591	589	587	585	582	579	575	571
合肥	742	730	725	723	722	718	502	500	495	487	478
福州	526	519	517	502	502	497	494	488	487	482	477
厦门	1 402	1 342	1 293	1 251	1 214	1 178	1 146	1 125	1 104	1 063	1 020
南昌	706	703	699	689	686	682	679	672	668	664	654
济南	774	765	760	750	745	742	739	738	739	740	738
青岛	721	713	711	705	701	698	696	695	694	690	683
郑州	1111	1 088	1259	1234	1440	1357	1000	982	966	950	929
武汉	982	976	974	968	967	974	985	984	981	975	964
长沙	589	576	568	561	559	556	550	547	543	539	534
广州	1 171	1 149	1 133	1 120	1 106	1 096	1 084	1 069	1 055	1 040	1 023
深圳	1 930	1 782	1 668	1 559	1 444	1 345	1 305	1 235	1 167	1 089	1 008
南宁	340	335	330	328	323	322	320	316	313	309	304
海口	725	715	717	708	701	705	696	687	676	664	654
重庆	410	407	407	405	404	402	399	395	393	391	386
成都	1 154	1013	999	980	968	960	948	940	928	918	910
贵阳	500	488	477	472	466	468	464	457	453	448	441
昆明	266	264	262	260	259	259	255	254	252	246	245
西安	816	807	807	798	787	783	774	773	764	756	745
兰州	248	246	286	282	246	247	247	247	246	244	240
西宁	265	262	264	296	259	291	256	253	251	248	244
银川	204	199	217	191	185	180	176	172	169	165	160
乌鲁木齐	194	194	194	191	187	181	176	175	171	153	146

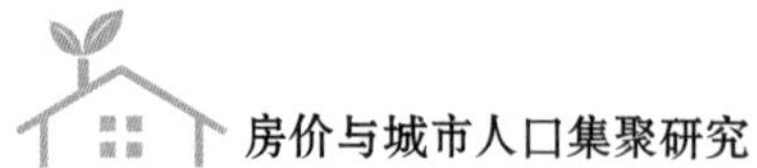

表 4　35 个大中城市房地产住宅竣工面积（单位：万平方米）

地区＼年份	2016	2015	2014	2013	2012	2011	2010	2009	2008	2007	2006
北京	1 267	1 378	1 804	1 692	1 523	1 316	1 498	1 613	1 399	1 854	2 193
天津	2 189	2 183	2 130	2 118	1 914	1 645	1 604	1 581	1 493	1 399	1 309
石家庄	306	260	442	631	682	889	466	237	247	206	248
太原	458	322	491	211	201	209	109	143	158	90	121
呼和浩特	235	235	345	309	291	265	349	373	225	199	142
沈阳	802	769	994	1 230	1 645	1 606	1 108	1 076	1 078	1 091	1 015
大连	147	233	577	851	588	798	461	472	636	356	412
长春	539	435	634	769	736	623	799	504	414	472	279
哈尔滨	1145	965	1008	846	899	623	642	448	394	501	537
上海	1 533	1 589	1 536	1 417	1 609	1 645	1 396	1 509	1 801	2 752	2 699
南京	912	1064	722	754	1362	864	737	1228	893	579	671
杭州	1 113	1 070	928	845	674	841	802	627	773	772	626
宁波	652	613	712	463	531	485	376	423	594	483	555
合肥	861	710	701	1072	725	664	579	478	463	512	451
福州	525	745	600	606	402	458	295	424	295	412	411
厦门	240	274	350	214	216	377	434	476	368	241	211
南昌	339	346	427	305	325	389	314	327	297	347	353
济南	803	371	385	614	366	415	204	374	232	203	215
青岛	952	1048	810	675	929	672	733	644	502	548	545
郑州	1 056	671	1 123	761	1 043	1 305	752	530	627	539	412
武汉	600	655	646	530	901	969	729	825	768	812	774
长沙	1 106	949	1 042	1 068	1 131	1 164	1 161	1 105	643	583	478
广州	818	981	1221	710	801	844	775	794	755	701	770
深圳	281	202	269	196	289	233	251	270	444	437	582
南宁	338	423	330	234	521	452	433	361	371	344	297
海口	234	172	326	148	228	46	84	106	91	112	54
重庆	3 084	3 186	2 772	2 867	3 386	2 827	2 180	2 385	1 951	1 769	1 700
成都	1 739	859	1 384	1 353	1 590	1 178	1 301	1 463	1 027	885	959
贵阳	637	1080	795	536	444	446	428	642	266	221	238
昆明	211	482	388	499	519	449	455	630	377	268	493
西安	1 251	748	1 289	663	904	566	412	453	412	422	342
兰州	166	165	90	128	129	140	156	165	110	191	141
西宁	187	195	391	421	323	369	173	128	192	139	101
银川	518	409	502	492	595	446	443	419	302	293	263
乌鲁木齐	280	307	547	345	537	274	203	345	350	302	181

表 5　35 个大中城市社会商品零售总额（单位：亿元）

地区＼年份	2016	2015	2014	2013	2012	2011	2010	2009	2008	2007	2006
北京	11 005	10 338	9 638	8 872	8 124	7 222	6 340	5 310	4 646	3 835	3 295
天津	5 636	5 257	4 739	4 470	3 921	3 395	2 860	2 431	2 079	1 651	1 383
石家庄	2 975	2 693	2 424	1 972	1 916	1 663	1 410	1 191	1 005	821	699
太原	1 666	1 541	1 450	1 282	1 130	973	826	722	620	516	437
呼和浩特	1 482	1 354	1 256	1 142	1 022	890	757	641	533	431	361
沈阳	3 986	3 883	3 570	3 186	2 802	2 427	2 066	1 779	1 506	1 232	1 049
大连	3 410	3 088	2 828	2 527	2 224	1 925	1 640	1 397	1 183	983	839
长春	2 650	2 409	2 218	1 970	1 740	1 516	1 287	1 089	946	778	666
哈尔滨	3 744	3 395	3 071	2 728	2 395	2 070	1 770	1 508	1 264	1 036	895
上海	10 947	10 132	9 304	8 557	7 840	7 186	6 187	5 173	4 577	3 873	3 375
南京	5 088	4 590	4 167	3 532	3 104	2 697	2 289	1 936	1 652	1 381	1 167
杭州	5 176	4 697	4 202	3 531	2 945	2 548	2 146	1 805	1 558	1 296	1 112
宁波	3 668	3 350	2 992	2 636	2 329	2 019	1 705	1 430	1 238	1 036	883
合肥	2 446	2 184	1 667	1 481	1 294	1 111	839	703	588	469	384
福州	3 763	3 489	3 063	2 682	2 320	1 948	1 624	1 339	1 134	941	776
厦门	1 284	1 168	1 072	975	882	800	685	566	419	362	315
南昌	1 868	1 663	1 305	1 133	995	928	765	634	529	427	358
济南	3 765	3 410	3 088	2 743	2 420	2 114	1 803	1 596	1 357	1 103	939
青岛	4 105	3 714	3 362	2 987	2 636	2 302	1 961	1 730	1 465	1 199	1 007
郑州	3 666	3 295	2 914	2 586	2 290	1 987	1 678	1 435	1 206	979	822
武汉	5 611	5 102	4 369	3 917	3 432	3 032	2 570	2 164	1 850	1 518	1 293
长沙	4 117	3 691	3 162	2 802	2 522	2 202	1 865	1 525	1 274	1 037	866
广州	8 707	7 988	7 145	6 883	5 977	5 243	4 476	3 616	3 140	2 595	2 183
深圳	5 513	5 018	4 844	4 434	4 009	3 521	3 001	2 568	2 252	1 915	1 671
南宁	1 980	1 787	1 617	1 451	1 256	1 073	906	757	632	516	436
海口	654	596	541	490	436	387	327	277	235	189	161
重庆	7 271	6 424	5 711	5 056	4 403	3 782	3 051	2 479	2 147	1 711	1 432
成都	5 742	4 946	4 469	3 753	3 318	2 861	2 418	1 950	1 622	1 357	1 155
贵阳	1 195	1 060	889	786	683	584	485	413	344	279	235
昆明	2 310	1 937	1 906	1 702	1 494	1 272	956	700	569	569	484
西安	3 731	3 405	3 094	2 548	2 264	1 966	1 637	1 381	1 154	922	776
兰州	1 263	1 152	945	844	749	640	545	470	395	338	290
西宁	513	462	414	318	318	271	232	202	170	139	120
银川	514	478	383	348	316	275	225	186	156	128	109
乌鲁木齐	1 237	1 152	1 070	970	834	695	564	473	419	332	273

表 6　35 个大中城市普通高等学校在校学生数（单位：万人）

年份 地区	2016	2015	2014	2013	2012	2011	2010	2009	2008	2007	2006
北京	59.92	60.36	60.46	59.89	59.12	58.79	58.71	58.67	58.56	57.82	56.58
天津	51.38	51.29	50.58	48.99	47.31	44.97	42.92	40.60	38.64	37.11	35.74
石家庄	44.18	41.98	39.36	39.40	39.55	38.82	37.29	36.65	32.17	31.68	29.26
太原	43.22	42.14	40.09	37.87	35.82	34.19	32.97	32.33	31.59	29.82	26.28
呼和浩特	23.77	23.52	23.25	22.93	22.72	22.23	21.53	20.39	18.45	16.50	15.08
沈阳	40.36	40.40	39.97	38.35	36.93	37.42	34.86	34.19	32.71	31.75	31.06
大连	29.02	29.00	28.62	27.63	26.37	25.52	24.58	23.68	23.05	22.00	20.14
长春	43.44	42.61	41.46	40.18	38.77	37.65	36.57	35.94	35.03	33.10	30.86
哈尔滨	63.62	66.37	50.64	49.24	48.22	48.15	48.16	46.89	45.00	38.49	38.34
上海	51.47	51.16	50.66	50.48	50.66	51.13	51.57	51.28	50.29	48.49	46.63
南京	82.78	81.26	80.53	80.75	65.19	80.85	79.34	77.34	72.50	67.99	62.08
杭州	42.80	47.56	47.47	47.18	45.92	44.67	43.48	39.41	37.99	36.62	35.00
宁波	15.51	15.58	15.09	14.90	14.54	14.44	14.08	13.51	13.04	12.61	12.13
合肥	49.95	52.71	49.73	44.34	41.72	40.95	37.26	35.21	32.54	29.58	27.29
福州	31.75	32.10	32.08	31.83	30.54	29.27	28.17	26.57	25.03	23.31	21.63
厦门	14.29	14.40	15.83	15.25	14.40	13.57	12.85	13.15	10.89	10.55	8.00
南昌	61.18	58.74	55.44	52.01	50.92	48.89	49.02	48.49	44.79	48.11	50.56
济南	72.63	71.40	70.04	72.72	65.99	63.96	64.25	63.26	60.78	57.08	54.93
青岛	34.09	32.23	31.35	30.02	29.66	29.15	28.48	26.95	26.93	26.49	26.03
郑州	88.93	82.42	78.32	74.76	69.82	66.51	64.94	61.74	57.04	49.57	44.43
武汉	94.88	95.68	96.21	96.64	94.70	92.04	88.14	84.63	80.97	77.84	74.72
长沙	59.00	56.94	54.75	57.34	52.32	51.68	50.83	50.30	48.39	45.43	41.81
广州	105.73	104.32	101.93	98.31	93.92	89.61	84.39	79.60	73.62	68.71	61.94
深圳	9.19	9.01	8.77	8.24	7.56	7.00	6.73	6.70	6.47	5.89	5.12
南宁	40.05	37.52	35.62	44.15	31.80	29.58	27.64	25.76	29.24	23.84	20.28
海口	13.25	15.06	18.06	14.62	11.55	12.86	10.39	9.42	9.20	9.12	6.15
重庆	73.25	71.66	69.16	65.94	62.36	56.78	52.27	48.42	45.00	41.37	37.61
成都	79.16	75.58	72.93	70.17	68.56	64.72	61.75	58.93	56.86	54.06	51.40
贵阳	40.44	36.85	35.93	32.53	39.11	26.13	25.68	24.58	21.93	20.95	21.44
昆明	46.55	43.64	40.99	38.61	36.10	34.13	26.99	24.00	23.00	22.18	20.64
西安	83.16	84.90	76.64	75.27	72.40	68.52	73.44	63.22	60.10	62.44	51.40
兰州	42.48	41.64	41.42	46.48	30.66	29.27	27.74	26.18	20.07	17.14	16.14
西宁	7.15	6.99	6.73	6.39	6.19	5.87	6.04	4.38	4.22	3.77	3.60
银川	9.89	9.80	9.35	9.25	8.25	7.76	6.97	6.24	6.05	5.27	4.61
乌鲁木齐	17.38	18.05	16.76	14.61	13.60	13.12	13.49	13.03	12.49	10.51	9.91

表 7　35 个大中城市执业（助理）医师数（单位：万人）

地区＼年份	2016	2015	2014	2013	2012	2011	2010	2009	2008	2007	2006
北京	8.94	8.52	7.99	7.71	7.44	6.97	6.62	6.29	5.91	5.5	5.28
天津	3.78	3.59	3.33	3.21	3.07	2.98	2.89	2.76	2.59	2.62	2.53
石家庄	3.18	2.96	2.55	2.71	2.31	2.2	2.17	2.01	1.92	1.88	1.4
太原	2.08	2	1.93	1.89	1.8	1.68	1.61	1.53	1.45	1.36	1.31
呼和浩特	0.9	0.89	0.56	0.54	0.48	0.66	0.7	0.62	0.62	0.62	0.62
沈阳	2.65	2.48	2.38	2.34	2.27	2.2	2.09	2.03	1.96	1.97	1.84
大连	1.95	1.87	1.79	1.75	1.69	1.59	1.59	1.59	1.48	1.41	1.48
长春	2.13	2.06	1.88	1.85	1.85	1.79	1.76	1.66	1.62	1.57	1.58
哈尔滨	2.38	2.37	2.04	2.24	1.9	2.07	2.15	1.9	1.82	1.8	1.63
上海	6.54	6.3	6.12	5.79	5.58	5.38	5.3	5.3	5.1	4.88	4.55
南京	2.53	2.23	2.16	2.07	1.91	1.73	1.7	1.66	1.61	1.57	1.52
杭州	3.82	3.48	3.2	2.97	2.74	2.58	2.43	2.28	2.12	2.07	1.88
宁波	2.29	2.19	2.1	1.99	1.91	1.84	1.72	1.62	1.51	1.54	1.46
合肥	1.93	1.77	1.72	1.64	1.53	1.4	1.08	1.08	0.96	0.85	0.84
福州	1.88	1.83	1.78	1.69	1.61	1.54	1.42	1.34	1.26	1.16	1.15
厦门	1.11	1	0.92	0.87	0.87	0.86	0.76	0.7	0.69	0.6	0.58
南昌	1.31	1.29	1.23	1.14	0.81	1.03	0.75	0.7	0.68	0.64	0.68
济南	3.44	3.26	2.48	2.28	1.95	1.83	1.76	1.65	1.55	1.58	1.53
青岛	2.77	2.63	2.49	2.41	2.16	1.83	1.77	1.67	1.63	1.5	1.55
郑州	2.73	2.44	2.89	2.05	1.76	1.6	1.5	1.84	1.64	1.6	1.54
武汉	3.47	3.29	2.95	2.78	2.64	2.54	2.51	2.4	2.27	2.15	2.11
长沙	2.73	2.56	2.43	2.29	2.03	1.91	1.83	1.72	1.58	1.47	1.27
广州	4.68	4.25	4.07	3.97	3.75	3.56	3.36	3.29	3	2.91	2.73
深圳	3.06	2.9	2.69	2.54	2.4	2.27	2.2	2.14	2.02	1.88	1.6
南宁	2.19	2.02	2.12	1.78	1.63	1.53	1.43	1.29	1.24	1.19	1.11
海口	1.05	0.83	0.69	0.65	0.59	0.57	0.55	0.5	0.45	0.44	1.06
重庆	6.47	6.1	5.81	5.51	5.2	4.96	4.8	4.46	3.94	3.87	3.75
成都	5.47	5.02	4.82	4.59	4.28	3.99	3.53	3.25	3.04	2.87	2.69
贵阳	1.58	1.45	1.29	1.27	1.18	1.13	1.09	1.01	0.92	1	0.97
昆明	2.6	2.41	2.26	2.21	3.81	1.88	3.25	3.15	1.57	1.6	1.54
西安	2.79	2.66	2.48	2.39	2.31	2.16	1.5	1.47	1.81	1.29	1.49
兰州	1.31	1.24	1.23	1.13	1.11	1.07	1.02	0.94	0.91	0.89	0.88
西宁	0.79	0.78	0.72	0.7	1.63	1.57	0.54	0.4	0.42	0.34	0.34
银川	0.83	0.76	0.71	0.64	0.58	0.55	0.39	0.37	0.48	0.45	0.42
乌鲁木齐	1.44	1.34	1.3	1.31	1.2	1.2	1.09	1.02	1.02	1.03	0.92

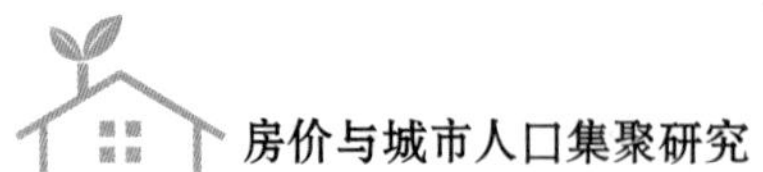

表 8　35 个大中城市 GDP（单位：亿元）

地区＼年份	2016	2015	2014	2013	2012	2011	2010	2009	2008	2007	2006
北京	25 669	23 015	21 331	19 801	17 879	16 252	14 114	12 153	11 115	9 847	8 118
天津	17 885	16 538	15 727	14 442	12 894	11 307	9 224	7 522	6 719	5 253	4 463
石家庄	5 928	5 441	5 170	4 864	4 500	4 083	3 401	3 001	2 838	2 361	2 027
太原	2 956	2 735	2 531	2 413	2 311	2 080	1 778	1 545	1 468	1 255	1 014
呼和浩特	3 174	3 091	2 894	2 710	2 476	2 177	1 866	1 644	1 316	1 101	900
沈阳	5 460	7 272	7 099	7 159	6 603	5 916	5 018	4 269	3 860	3 221	2 520
大连	6 730	7 732	7 656	7 651	7 003	6 151	5 158	4 350	3 858	3131	2 570
长春	5 918	5 530	5 342	5 003	4 457	4 003	3 329	2 849	2 562	2 089	1 741
哈尔滨	6 102	5 751	5 340	5 017	4 550	4 242	3 665	3 175	2 868	2 437	2 094
上海	28 179	25 123	23 568	21 818	20 182	19 196	17 166	15 046	14 070	12 494	10 572
南京	10 503	9 721	8 821	8 012	7 202	6 146	5 131	4 230	3 775	3 284	2 774
杭州	11 314	10 050	9 206	8 344	7 802	7 019	5 949	5 088	4 781	4 100	3 442
宁波	8 686	8 004	7 610	7 129	6 582	6 059	5 163	4 329	3 964	3 435	2 874
合肥	6 274	5 660	5 158	4673	4 164	3 637	2 702	2 102	1 665	1 335	1 074
福州	6 198	5 618	5 169	4 679	4 218	3 736	3 123	2 604	2 284	1 975	1 664
厦门	3 784	3 466	3 274	3 018	2 817	2 539	2 060	1 737	1 560	1 388	1 168
南昌	4 355	4 000	3 668	3 336	3 001	2 689	2 200	1 838	1 660	1 390	1 184
济南	6 536	6 100	5 771	5 230	4 804	4 406	3 911	3 351	3 017	2 563	2 185
青岛	10 011	9 300	8 692	8 007	7 302	6 616	5 666	4 854	4 436	3 787	3 207
郑州	8 025	7 312	6 777	6 202	5 550	4 980	4 041	3 308	3 004	2 487	2 013
武汉	11 913	10 906	10 069	9 051	8 004	6 762	5 566	4 621	3 960	3 142	2 591
长沙	9 455	8 510	7 825	7 153	6 400	5 619	4 547	3 745	3 001	2 190	1 799
广州	19 547	18 100	16 707	15 420	13 551	12 423	10 748	9 138	8 216	7 109	6 074
深圳	19 493	17 503	16 002	14 500	12 950	11 506	9 582	8 201	7 807	6 802	5 814
南宁	3 703	3 410	3 148	2 804	2 503	2 211	1 800	1 525	1 316	1 069	870
海口	1 258	1 162	1 092	905	819	713	595	490	443	394	350
重庆	17 741	15 717	14 263	12 783	11 410	10 011	7 926	6 530	5 794	4 676	3 907
成都	12 170	10 801	10 057	9 109	8 139	6 855	5 551	4 503	3 901	3 324	2 750
贵阳	3 158	2 891	2 497	2 085	1 700	1 383	1 122	972	811	694	603
昆明	4 300	3 968	3 713	3 415	3 011	2 510	2 120	1 809	1 512	1 405	1 207
西安	6 257	5 801	5 493	4 884	4 366	3 864	3 242	2 724	2 190	1 764	1 474
兰州	2 264	2 096	2 001	1 776	1 564	1 360	1 100	926	846	733	638
西宁	1 248	1 132	1 066	979	851	771	628	501	422	342	282
银川	1 618	1 494	1 389	1 289	1 151	987	769	578	514	409	335
乌鲁木齐	2 459	2 632	2 461	2 203	2 004	1 690	1 339	1 095	1 020	820	654

表9　35个大中城市高校毕业生就业人数（单位：万人）

年份/地区	2011	2010	2009	2008	2007	2006	2005	2004	2003	2002	2001	2000
北京	30.90	30.21	28.40	26.73	24.58	20.73	17.10	10.20	8.13	5.94	4.58	4.09
天津	21.50	19.74	17.58	16.20	13.27	11.48	9.18	6.98	5.44	3.79	2.96	2.70
石家庄	7.76	7.28	7.01	7.23	6.20	5.34	4.44	3.89	3.06	2.19	1.75	1.65
太原	3.96	3.81	3.61	3.74	3.30	2.67	2.22	1.53	1.15	0.80	0.62	0.57
呼和浩特	4.14	3.99	3.84	3.36	2.89	2.37	1.85	1.22	0.90	0.59	0.34	0.30
沈阳	11.25	10.74	9.98	9.84	8.46	6.64	5.18	4.53	3.56	2.59	1.99	1.85
大连	11.70	11.04	10.17	9.83	8.23	6.77	5.34	4.67	3.63	2.60	1.99	1.83
长春	7.61	7.13	6.66	6.53	5.49	4.59	4.17	3.66	2.97	2.13	1.61	1.42
哈尔滨	8.07	7.84	7.42	7.31	6.40	5.52	4.55	4.00	3.14	2.28	1.80	1.65
上海	36.50	36.74	35.16	34.91	32.03	27.31	22.73	17.75	13.88	10.00	7.96	7.50
南京	11.69	10.98	9.89	9.62	8.63	7.31	5.99	4.55	3.50	2.40	1.85	1.68
杭州	13.35	12.73	11.89	12.19	10.77	9.07	7.31	5.99	4.66	3.29	2.52	2.28
宁波	11.52	11.05	10.12	10.10	9.03	7.57	6.08	5.14	3.97	2.77	2.11	1.94
合肥	6.91	5.78	4.91	4.24	3.51	2.83	2.12	1.40	1.08	0.76	0.58	0.54
福州	7.10	6.69	6.09	5.82	5.19	4.38	3.67	3.69	2.99	2.15	1.73	1.65
厦门	4.83	4.41	4.06	3.98	3.65	3.08	2.50	2.10	1.69	1.20	0.90	0.83
南昌	5.11	4.71	4.29	4.23	3.65	3.12	2.50	1.84	1.42	1.02	0.78	0.72
济南	8.38	8.37	7.83	7.69	6.73	5.76	4.66	3.86	3.03	2.22	1.72	1.57
青岛	12.58	12.13	11.34	11.31	9.95	8.45	6.69	5.16	3.95	2.81	2.12	1.90
郑州	9.47	8.65	7.73	7.66	6.53	5.30	4.12	3.28	2.45	1.72	1.33	1.22
武汉	12.86	11.91	10.80	10.09	8.26	6.83	5.56	4.66	3.69	2.76	2.17	1.99
长沙	10.69	9.73	8.75	7.65	5.76	4.74	3.77	2.70	2.06	1.50	1.17	1.08
广州	23.62	23.01	21.36	20.94	18.68	16.00	12.80	9.81	7.77	5.55	4.32	3.92
深圳	21.88	20.51	19.17	19.85	17.87	15.32	12.29	10.20	7.96	5.49	3.99	2.75
南宁	4.21	3.85	3.56	3.35	2.81	2.29	1.80	1.40	1.12	0.66	0.52	0.49
海口	1.36	1.27	1.14	1.13	1.03	0.92	0.75	0.60	0.51	0.30	0.23	0.22
重庆	19.04	16.96	15.26	12.99	10.83	9.20	7.62	6.35	5.00	3.64	2.82	2.62
成都	13.03	11.88	10.52	9.94	8.73	7.25	5.89	5.21	4.15	3.08	2.40	2.16
贵阳	2.63	2.40	2.27	2.07	1.82	1.59	1.31	1.06	0.85	0.62	0.49	0.44
昆明	4.77	4.54	4.23	3.85	3.69	3.18	2.64	2.24	1.80	1.35	1.08	1.03
西安	7.35	6.94	6.37	5.58	4.63	3.88	3.15	2.61	2.09	1.52	1.18	1.14
兰州	2.59	2.36	2.16	2.16	1.93	1.68	1.41	1.20	0.98	0.71	0.56	0.51
西宁	1.47	1.34	1.17	1.08	0.90	0.74	0.59	0.42	0.32	0.22	0.17	0.15
银川	1.88	1.65	1.35	1.31	1.07	0.88	0.72	0.45	0.35	0.25	0.17	0.16
乌鲁木齐	3.21	2.87	2.56	2.60	2.16	1.72	1.40	1.15	0.91	0.66	0.51	0.45

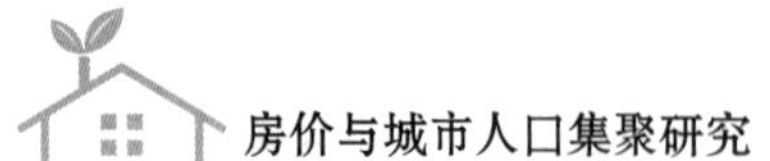

表 10　35 个大中城市人均国内生产总值（单位：元）

地区＼年份	2011	2010	2009	2008	2007	2006	2005	2004	2003	2002	2001
北京	81 658	75 943	70 452	63 029	58 204	50 467	45 444	37 058	32 061	28 449	255 42
天津	85 213	72 994	62 574	55 473	46 122	41 163	35 783	31 550	26 532	22 380	20 155
石家庄	39 919	33 915	30 428	28 923	24 243	21 000	18 671	17 871	15 188	13 187	12 157
太原	49 292	50 225	44 319	42 378	36 377	29 504	26 107	18 804	15 210	13 580	12 382
呼和浩特	75 266	66 929	61 108	49 606	42 016	34 710	29 049	26 321	18 791	14 720	10 029
沈阳	72 648	62 357	54 654	54 248	45 582	35 940	29 935	27 487	23 271	20 316	17 992
大连	91 295	77 704	70 781	63 198	51 630	42 579	38 196	34 975	29 206	25 276	22 343
长春	52 649	43 936	37 753	34 193	28 132	23 677	23 060	21 285	18 705	16 220	14 274
哈尔滨	42 736	36 951	32 053	29 012	24 768	21 374	18 852	17 463	14 872	12 993	11 943
上海	82 560	76 074	78 989	73 124	66 367	57 695	51 474	55 307	46 718	40 646	37 382
南京	76 263	64 037	67 455	60 808	53 639	46 114	40 887	33 050	27 307	22 858	20 954
杭州	80 478	69 828	63 333	70 832	52 590	51 878	44 853	38 858	32 819	28 150	25 074
宁波	79 524	69 368	60 720	69 997	66 067	51 460	44 156	39 174	32 639	27 541	24 213
合肥	48 563	54 796	41 543	34 482	28 134	23 203	18 960	13 378	10 720	9 274	8 257
福州	52 152	44 667	38 015	33 615	29 515	24 874	22 301	23 444	20 520	19 387	18 467
厦门	70 832	58 337	68 938	62 651	56 188	50 130	44 737	40 146	35 009	47 270	42 040
南昌	53 023	43 769	39 669	36 105	30 460	26 131	22 390	17 238	14 382	12 552	11 129
济南	64 311	57 966	50 376	45 724	42 424	36 394	31 606	27 610	23 590	20 994	18 843
青岛	75 563	65 827	57 251	52 677	45 399	38 892	33 188	28 150	23 398	20 160	18 574
郑州	56 855	49 947	44 231	40 616	34 069	29 366	25 474	21 233	17 063	14 414	13 074
武汉	68 315	58 961	51 144	44 290	35 582	29 899	26 238	24 963	21 457	19 792	17 882
长沙	79 530	66 443	56 620	45 765	33 711	27 982	23 968	18 036	14 810	13 747	12 443
广州	97 588	103 625	89 082	81 233	71 808	63 100	69 268	56 271	48 372	41 884	38 007
深圳	110 421	94 296	84 147	83 431	76 273	68 441	60 801	54 236	47 029	40 369	34 822
南宁	31 172	25 622	21 945	19 142	15 774	13 071	11 057	9 126	7 874	12 024	11 086
海口	35 669	30 329	26 366	24 420	22 109	19 980	17 482	17 928	16 730	2 6226	24 782
重庆	34 500	27 596	22 920	18 025	14 660	12 457	10 982	9 608	8 077	6 347	5 654
成都	48 755	48 510	35 215	30 855	26 525	25 171	19 627	20 777	18 051	16 277	14 676
贵阳	31 712	26 057	24 585	20 638	19 489	17 025	14 934	12 683	10 962	9 948	9 073
昆明	38 831	33 550	25 826	25826	21 711	19 475	17 106	18 773	16 312	14 864	13 900
西安	45 495	38 341	32 411	26 259	21 339	18 089	15 940	14 081	12 233	11 786	10 614
兰州	37 570	34 009	27 904	25 628	22 325	20 419	18 296	16 479	14 540	12 588	11 879
西宁	34 743	28 428	22 865	19 494	15 999	13 326	11 398	8 484	7 110	6 027	5 257
银川	48 964	41 520	34 453	31 436	27 845	23 500	20 725	17 668	11 788	10 157	10 233
乌鲁木齐	52 649	43 039	38 496	37 343	31 140	28 261	25 507	22 820	19 900	17 900	18 895

表 11　35 个大中城市年末金融机构各项贷款余额（单位：亿元）

年份 地区	2011	2010	2009	2008	2007	2006	2005	2004	2003	2002	2001
北京	33 367	29 564	25 420	19 985	17 817	15 633	13 813	12 600	11 143	9 231	7 506
天津	14 898	13 774	11 152	7 689	6 544	5 107	4 722	3 839	3 426	2 510	2 155
石家庄	3 660	2 920	2 887	2 080	1 839	1 732	5 987	1 475	1 377	614	520
太原	5 657	5 125	4 156	2 927	2 544	2 315	2 069	1 953	1 105	826	705
呼和浩特	3 202	2 523	1 970	1 459	1 181	983	874	483	388	287	238
沈阳	6 889	5 970	5 085	3 250	2 894	2 614	2 289	2 295	2 172	1 732	1 503
大连	7 166	6 155	4 894	3 711	3 244	2 975	2 356	2 300	2 101	1 198	1 035
长春	5 156	4 617	3 864	2 812	2 407	2 160	1 894	1 890	1 630	1 192	993
哈尔滨	4 873	4 127	3 433	2 637	2 384	2 190	1 964	2 113	1 919	1 540	1 051
上海	37 197	34 154	29 684	24 166	21 710	18 604	16 798	14 972	13 168	10 141	6 050
南京	11 132	10 915	9064	7 172	6 046	5 098	4 660	4 062	3 375	2 589	1 928
杭州	16 422	15 079	13 113	9 784	8 42	6 496	5 545	4 800	3 687	2 549	2 005
宁波	10 677	9 001	7 716	5 670	4 958	3 727	2 960	2 484	2 103	736	583
合肥	5 257	4 214	3 493	2 641	2 115	1 743	1 420	1 211	1 008	670	522
福州	5 896	5 231	4 090	3 078	2 640	2 180	1 773	1 556	1 367	718	548
厦门	4 341	3 622	2 990	2 369	2 148	1 370	1 213	833	722	582	477
南昌	4 065	3 462	2 894	2 112	1 824	1 222	1 028	873	772	495	400
济南	6 894	6 313	5 701	4 117	3 678	3 788	3 260	2 929	2 594	1 945	1 530
青岛	6 948	5 886	4 874	3 748	3 097	2 578	2 039	1 847	1 678	928	742
郑州	6 113	5 718	4 922	3 612	2 940	2 723	2 428	2 231	1 982	1 196	947
武汉	10 158	9 094	7 535	5 176	4 415	3 674	3 171	2 855	2 525	2 121	1 575
长沙	7 484	6 354	5 201	3 516	2 982	2 483	2 055	1 851	1 629	1 000	827
广州	16 333	14 988	13 852	11 080	9 661	7 932	7 622	6 535	6 127	4 858	4 030
深圳	15 715	13 708	11 646	9 058	7 965	6 755	6 168	5 243	4 525	3 614	2 826
南宁	4 845	4 142	3 278	2 317	1 922	1 663	1 382	1 209	960	618	516
海口	2 461	1 933	1559	1 092	925	850	729	675	514	371	326
重庆	13 001	11 000	8 766	6 321	5 132	4 388	3 779	3 246	2 775	1 459	1 055
成都	13 767	12 139	9 869	5 410	4 119	3 631	3 019	2 860	2 588	1 594	1 154
贵阳	3 013	2 589	2 070	1 624	1 384	1 203	1 038	911	764	585	486
昆明	7 288	6 499	5 451	4 067	3 348	2 229	1 796	1 468	1 261	808	734
西安	7 565	6 482	4 483	3 236	2 649	2 345	2 158	2 052	1 954	1 485	1 153
兰州	2 918	2 359	2 007	1 520	1 347	1 189	1 089	1 088	952	746	641
西宁	1 853	1 542	1 174	857	721	591	522	502	437	335	278
银川	1 945	1 641	1 289	965	796	661	552	401	372	245	191
乌鲁木齐	2 554	2 075	1 627	1 217	1 146	1 046	986	957	974	794	652